AF554554

TRAVAIL, JUSTICE, CHARITÉ

LE PROPHÈTE
DE
L'APOCALYPSE

Annonce du deuxième AVÉNEMENT SOCIAL DU CHRIST en Esprit dans l'intelligence des Peuples.

AU PEUPLE, AUX POLITICIENS, AUX SOCIALISTES, AUX PRÊTRES,
AUX PHILOSOPHES,
AUX THÉOLOGIENS ET OCCULTISTES DE L'ÉPOQUE.

PAR J. VICÈRE, GÉOMÈTRE

PREMIÈRE ÉDITION DE 1893

Prix : 1 fr. 50.

PERPIGNAN
IMPRIMERIE DE L'INDÉPENDANT, 3, RUE LAZARE ESCARGUEL
1893

TRAVAIL, JUSTICE, CHARITÉ

LE PROPHÈTE
DE
L'APOCALYPSE

Annonce du deuxième AVÉNEMENT SOCIAL DU CHRIST
en Esprit dans l'intelligence des Peuples.

AU PEUPLE, AUX POLITICIENS, AUX SOCIALISTES, AUX PRÊTRES,
AUX PHILOSOPHES,
AUX THÉOLOGIENS ET OCCULTISTES DE L'ÉPOQUE.

PAR J. VICÈRE, GÉOMÈTRE

PREMIÈRE ÉDITION DE 1893

PERPIGNAN
IMPRIMERIE DE L'INDÉPENDANT, 3, RUE LAZARE ESCARGUEL
1893

AVERTISSEMENT

Je ne suis ni avec, ni pour, ni contre les Églises officielles, je n'ai jamais été engagé avec elles de mon libre arbitre.

Je suis pour le Christ et sa mission sociale.

Ce livre est le résultat pur et simple de l'examen et de l'étude approfondie de la Bible ou Ancien et Nouveau Testament et de la Révélation Apocalyptique.

Mes reproches s'adressent aux matérialiste, c'est-à-dire à ceux qui n'ont ni science, ni conscience sociale, à ces hommes sans esprit, à ces adorateurs du *Veau d'Or* ou du *Culte de l'Argent*.

Il s'adresse, comme critique, aux *Spiritualistes*, à ces savants qui reconnaissent *trois principes* chez *l'Homme* et deux dans la bête.

Je livre ma plume aux *quatre vents du ciel intellectuel*, puisse-t-elle porter ses fruits par une critique raisonnée!

Cases-de-Pène (Pyr.-Or.), le 20 septembre 1893.

J. VICÈRE, GÉOMÈTRE.

TRAVAIL, JUSTICE, CHARITÉ

LE PROPHÈTE

DE

L'APOCALYPSE

Annonce du deuxième **AVÉNEMENT SOCIAL DU CHRIST** en Esprit dans l'intelligence des Peuples.

AU PEUPLE, AUX POLITICIENS, AUX SOCIALISTES, AUX PRÊTRES, AUX PHILOSOPHES, AUX THÉOLOGIENS ET OCCULTISTES DE L'ÉPOQUE.

HYPOTHÈSE APOCALYPTIQUE

JOURNAL « LE RÉPUBLICAIN » DES PYRÉNÉES-ORIENTALES A PERPIGNAN, DU DIMANCHE 22 JANVIER 1888

Me basant sur la connaissance de la profondeur du *Livre-Saint*, sur des signes mystérieux et personnels, ainsi que sur des données certaines, j'ai résolu de faire connaître *mon Hypothèse Apocalyptique*.

D'après un calcul de base, j'ai trouvé toutes les dates terribles et malheureuses se rapportant exactement à la chronologie des peuples. Ce qui précède m'étant personnellement et parfaitement démontré, puisque c'est le passé, je peux, avec assurance, parler de l'avenir, puisque ses dates sont trouvées.

L'année 1889 sera une année terrible et précédera *une*

période (1) *néfaste*; malgré le choix de la grande sagesse des hommes du pouvoir, ils ne pourront point éviter certains désastres. Les malheurs deviendront des calamités si, précédemment à cette date, on n'a fait choix d'hommes au cœur ferme excluant l'idée de tout parti, lorsque la plus grande justice et la plus grande sévérité seront nécessaires et devront être exercées.

A cette date, tout être humain connaissant les faits de l'époque ne pourra se débarrasser du tempérament fébrile qui l'assaillira incontinent, le pouvoir lui-même, malgré sa droiture, ne s'en débarrasera qu'après beaucoup d'intermittence et par des efforts surhumains.

Le peuple de Paris tremblera encore, depuis plusieurs mètres sous terre jusqu'à la cime des plus hauts monuments (2).

Lorsque l'accalmie sera rétablie, on verra la force motrice de la navigation actuelle transformée, et cette même force annulée presque totalement ; le nouvel agent, qui recevra plus tard le nom de puissance, n'est point une force connue (3). Ceci étant appliqué pour la navigation flottante on l'utilisera plus tard pour la navigation sous-marine (4).

Il résultera de ces grandes inventions et découvertes qu'en l'année **1998**, tous les Peuples de la terre, pouvant offrir des moyens de défense, posséderont des engins terribles, propres et destinés inclusivement à la destruction du genre humain (5). Il est vrai aussi que l'objet de la destruction procurera au début des richesses considérables, mais en se multipliant avec le nombre et les nécessités des Nations, il donnera par la suite, la famine comme résultat final.

(1) Evénements causés par le boulangisme, le Panama et la suite.

(2) Ravachol et ses compagnons anarchistes.

(3) Cette force, c'est celle de la perfection de l'électricité par son exposition.

(4) Le vaisseau sous-marin *le Gymnote* et autres.

(5) Ces engins sont : la dynamite, la mélinite et la suite.

Après, et lorsque l'ambition des peuples sera assouvie, il s'élèvera *un dominateur d'un genre nouveau*, qui désolera la Terre jusqu'en l'année **2220** (1).

Après cette époque, le genre humain, poussant la perversité et la misère jusqu'à l'excès, se coalisera plein de rage, pour aller contre Dieu même en la personne disparue de *son Envoyé* (2) ; il croira se venger en désolant le lieu de sa naissance et celui de sa mort (3) ; c'est alors que *l'abomination de la désolation* sera établie, mais ces contrées deviendront très honorées, pleines de justice et une lumière évidente pour les contemporains.

Alors des signes terribles paraîtront dans le ciel étoilé, et tourmenteront les habitants de la terre. **Le Soleil**, par suite de taches énormes, ne produira plus sa chaleur progressivement répartie, il donnera conséquemment en certaines contrées et à certaines époques, une pénombre impropre à la production du sol, qui sera naturellement et superficiellement refroidi (4).

Par suite de la chaleur intérieure du foyer solaire, ces taches renverront leur force sur les parties éclairant *(à cause de leur opacité)* et la puissance intérieure et lumineuse augmentera par le renvoi des parties obscures (5) ; le soleil donnera ainsi, une chaleur si intense, en certaines contrées et à certaines époques, qu'elle sera insupportable pour les hommes et la végétation ; il occasionnera ainsi la pérégrinité de certains animaux et

(1) Le cavalier du Cheval-Roux de l'Apocalypse (chapitre VI versets 3 et 4).

(2) L'envoyé disparu, c'est le Christ.

(3) Bethléem et Jérusalem.

(4) Les taches solaires ne sont actuellement et depuis 1889 un secret pour personne.

(5) Ce sont encore les taches solaires qui, pour les raisons données ci-haut, occasionnent et occasionneront en Europe et dans le monde entier, des changements extraordinaires de climat ; ce sont elles qui sont la cause de ces températures excessives et spontanées de froid et de chaud : coups de soleil en été, froids polaires en hiver et par suite : *intempéries nuisibles aux plantes, aux animaux et au genre humain.*

insectes, qui détruiront ce qu'il avait épargné. Par suite, il deviendra noir comme un sac fait de poils.

La Lune, ne recevant plus la puissance solaire, deviendra rouge et ne présentera que sa chaleur intérieure comme marque de son existence.

Les peuples passeront de l'ombre de la nuit à celle du tombeau !

Ces signes prodigieux se confirmeront à partir de l'année **2327** et à la fin du sixième mois. A partir de cette date et jusqu'en l'année **2331**, la fin mysterieuse doit se produire ; quant au jour et l'heure, personne ne peut les préciser.

J. VICÈRE.

DATES REMARQUABLES

Années de l'ère chrétienne : **1**, — **32** et **33**, — **1000**, — **1332**, — **1789** à **1793**, — **1860**, — du **24 juin 1889** au **24 décembre 1892**, — **1893**, — **1998**, — **2220**, — **2327** et **2331**.

LES TROIS DIVULGATIONS

APOCALYPTIQUES (1)

Ces documents ont paru en juin 1889 sur la revue *l'Étoile*, d'Avignon (Vaucluse), sur le journal *l'Agly*, de Rivesaltes (Pyrénées-Orientales) du 15 mars 1892, sur la revue *la Lumière* nº 139 du 27 mai 1892, à Paris-Auteuil.

Ces trois divulgations ont été écrites sur la plage

(1) Pour les renvois, lire à la suite des Divulgations, aux mêmes nombres que les versets.

d'Argelès-sur-Mer (Pyrénées-Orientales), en juin 1889 ; les commentaires étaient inédits avant la présente publication.

L'Age du Cheval-Blanc est ouvert depuis le 24 juin 1889, et ses effets se feront sentir jusqu'à la Noël 1892.

L'Homme du Cheval-Blanc.

PREMIÈRE DIVULGATION

1. — *Jean*, serviteur de Jésus-Christ, apôtre de la *Voie Divine*, choisi et destiné pour faire connaître au Peuple l'ouverture du ***premier sceau***, afin d'annoncer ***l'Évangile Éternel*** à ceux qui habitent la Terre ;

2. — Pour dévoiler les mystères de l'Apocalypse jusqu'au temps marqué, afin de justifier le Fils de l'Homme, selon la promesse faite à Pierre pour l'Esprit de Jean, le disciple bien-aimé ;

3. — Pour faire connaître la Rédemption Générale : touchant la Loi, la Justice et le Jugement de *l'Esprit-Saint-de-l'Union* pour la Fraternité des Peuples ;

4. — Pour que les morts enterrent leurs morts, pour que les présents et les futurs se saluent et se fraternisent ;

5. — *Jean*, dans la plénitude de *l'Age* et du *Réveil*, salue, sur le Cheval-Blanc, la postérité nouvelle :

6. — Pour montrer le chemin à *Pierre*, afin de le conduire par la voix, dans la voie de la Rédemption ;

7. — Pour montrer la *Bête* aux Peuples et leur faire connaître : ceux qui en ont le caractère, ou le nom, ou le nombre de son nom ;

8. — Pour annoncer l'effusion des sept coupes et préparer le retentissement du vainqueur de la *Bête Apocalyptique* ;

9. — Pour être le signal de la condamnation et de la ruine de la *Ville-Mystère* : aux sept rois, aux sept collines, assise sur les peuples, les Nations et les langues ;

la grande prostituée, pleine des abominations et des impuretés de sa fornication, avec laquelle les rois se sont corrompus, qui a enivré du vin de sa prostitution les habitants de la terre ;

10. — Parce qu'ils ont répandu le sang des Saints et des Prophètes, vous leur donnez, O Esprit-Saint, du sang à boire : c'est ce qu'ils méritent ;

11. — Parce qu'ils lient sur la tête du Peuple des fardeaux pesants qu'ils n'osent pas toucher, eux, du bout des doigts ;

12. — Parce qu'ils ont tenu, crucifié *le Juste*, là où ils devaient l'élever ressuscité, glorieux et triomphant ;

13. — Parce qu'ils n'ont point eu pitié des *Vierges*, qu'ils détournent des voies saintes de la vie conjugale !

14. — Parce que vous dormez on vous réveillera ?

15. — Que partout où sont les corps morts, les aigles se réunissent !

16. — Salut, Génie du soldat du Christ, noble et généreuse nature des Francs, des Gaulois et des Celtes !

17. — Sagittaire, lance tes flèches et frappe au but !

18. — Union, Fraternité et Salut !

19. — Salut ! fiers athlètes, ouvrez cette bataille pacifique de géants, la victoire est à vous !

20. — Les Armées qui sont dans le Ciel vous suivront sur les chevaux-blancs de la pureté de vos combats :

Salut et Fraternité !

LE SAGITTAIRE.

Pour l'explication du Sagittaire, voir à la suite l'article : *Cosmologie théologique.*

DEUXIÈME DIVULGATION

Salut et Fraternité !

21. — *Jean*, dans la plénitude de *l'Age et du Réveil*, salue sur le Cheval-Blanc la postérité nouvelle, pour annoncer la *Rédemption*, et faire connaître aux Peuples l'ouverture des sept sceaux.

22. — *La Bête de l'Apocalypse*, c'est la Politique, mère du pouvoir temporel.

23. — Ceux qui en ont *le caractère* ou *le nom*, ou *le nombre* de *son nom*, sont ceux qui portent *deuil*, avant que leurs morts les enterrent ;

24. — Dont l'habillement, la vie publique et privée, le caractère et les actions ne sont : ni de l'homme, ni de la femme, ni de l'eunuque, ni d'aucun être vivant, ni de l'Esprit de Dieu qu'ils ont reçu pourtant, comme tous les hommes, et selon l'Égalité ;

25. — Ce sont ceux qui empêchent la Fraternité de l'Union, en tuant la Liberté :

26. — On les connait à leurs fruits : ils sont marqués à la main droite ou au front, ou des pieds à la tête.

27. — La Ville-Mystère ou Babylone, c'est Rome.

28. — L'Antechrist, c'est le pouvoir temporel.

29. — Le Sagittaire, c'est le Cheval-Blanc portant Jean et Pierre, la voix et la voie de l'Esprit-Saint-de-l'Union pour la Fraternité des Peuples.

30. — Les fiers athlètes sont ces Esprits droits et purs, ces nouveaux sacerdotes épurés qui vont rétablir l'Évangile de Jésus-Christ, non selon la lettre qui tue, mais par l'esprit qui vivifie.

31. — Le Fils de l'Homme est venu sur la Terre apporter l'Épée et non la Paix, mais l'Épée va tomber et la Paix sera annoncée.

32. — Depuis l'apparition de l'Étoile aux Mages, le monde doit durer : un temps, deux temps et la moitié d'un temps.

33. — *Jean*, serviteur de Jésus-Christ, vous salue et vous découvre la clef, qui est *666*.

34. — Ce que *Jean* écrivait à Pathmos, dans un langage mystérieux nécessaire pour le temps, *Jean*, dans la plénitude de l'âge et du réveil, le confirme et le dévoile, en pleine *Lumière*, monté sur le cheval-blanc et saluant la postérité nouvelle. Ces paroles sont véritables.

Salut et Fraternité !

JEAN ET PIERRE.

TROISIÈME DIVULGATION

Salut et Fraternité !

35. — Afin que vous ne soyez pas dans la crainte et que vous ne vous troubliez point lorsque ces choses arriveront, Jean vous avertit lui-même de ne pas être dans l'effroi, mais de veiller sur votre personne, et de prier l'Esprit en esprit.

36. — Ne méprisez : ni pauvres, ni passants, ni étrangers, ni inconnus, car *l'Esprit de l'Union* voyagera sans se faire connaître.

37. — Il parcourt la terre déjà en ce moment-ci, s'il frappe à votre porte, ne refusez pas d'ouvrir et ne vous scandalisez point, mais soyez dans la joie, car il apportera la bénédiction sous votre toit, si la maison en est digne et, si elle ne l'est pas encore, il attirera de loin la bénédiction vers elle.

38. — Purifiez donc vos demeures terrestres, corporelles et spirituelles ; observez le grand commandement qui est de vous aimer les uns les autres, d'être serviables, réservés en paroles et en actions, bons sans jalousie ni médisance.

39. — Ne faites pas a un autre ce que vous ne voudriez pas qu'on vous fasse, car c'est ce commandement qui est la base de l'Union et de la Fraternité.

40. — Vous savez maintenant ce qu'est la Bête Apocalyptique, quelle est cette catégorie d'hommes qui ont le nom, le caractère et le nombre du nom de la Bête, et quel est l'homme qui depuis *1332* de notre ère fait l'office d'Antechrist.

41. — Jésus-Christ a vaincu le monde et l'Antechrist,

en qui le monde se personnifie, veut vaincre Jésus-Christ.

42. — C'est à cause de son orgueil, qu'il va donner son dernier coup de corne (1) pour l'enfoncer dans le cerveau ; la corne est si longue qu'elle ira en se brisant, du cerveau au cœur.

43. — L'Épée tombe et la Paix s'annonce !

44. — Ce fils de perdition et ses acolytes vont accomplir et consommer le mystère d'iniquité.

45.— Peuples, ouvrez l'oreille et souvenez-vous de ceci :

46. — Les hommes du caractère ou de la marque, chercheront à se raffermir en épouvantant le Peuple ; ils diront de Jean et Pierre et du Cheval-Blanc : cet homme est la Bête et son faux prophète, il est l'Antechrist.

47. — Ne les écoutez point !

48. — Ce sont des menteurs, qui remplacent la Religion de Jésus-Christ par le culte de l'Argent ; ils voudraient se sauver en finissant de vous perdre, mais c'est en vain ! Ils n'échapperont pas à la Justice divine, de laquelle ils ont comblé la mesure.

49. — Afin que vous possédiez la Vérité confirmée, je vous le répète : l'Antechrist, ou le pouvoir temporel, est à cheval sur la Politique bête de l'Apocalypse.

50. —Voilà la bête et le faux prophète qui blasphèment.

51. — Puisque ces mystères vous sont expliqués en pleine lumière, et que le temps de leur accomplissement est venu, j'en demande la confirmation aux Sept Esprits de Dieu qui couvrent la Terre.

52. — Que l'Esprit-Saint soit répandu sur toute chair, que vos fils et vos filles prophétisent, que vos vieillards soient instruits par des songes et que vos jeunes gens aient des visions.

Salut et Fraternité !

JEAN DE L'APOCALYPSE.

(1) Le fameux coup des ralliés à la République, coup de corne conseillé par le Pape Léon XIII. Coup de corne? Non. Coup en l'air ? Oui.

COMMENTAIRES

DES TROIS DIVULGATIONS APOCALYPTIQUES [1]

1. — *Pierre* a renoncé le Christ trois fois avant que le coq ait chanté ; *Jean*, le disciple de l'amour de ses frères en humanité, a secouru le Christ par sa présence. *Jean* fit œuvre d'homme de cœur, son courage alla même jusqu'à aider les amis du Christ à le déclouer de la croix ; il devint, par son amour *de véritable apôtre*, le fils adoptif de Marie, la mère du Crucifié.

Pierre, au contraire, ce coupeur d'oreille du champ des oliviers (2), ce renonciateur du *Maître* devant une simple servante (la politique), est reconnu de nos jours.

Pierre, ce disciple politicien, reste, de nos jours, inactif dans ses palais somptueux, lorsque la société menace de s'écrouler. Qu'attend-il ?

Que la servante lui frappe encore sur l'épaule ?

La servante a disparu !

C'est *Jean* qui le cingle au visage, monté sur le *Cheval-Blanc* de l'Évangile et saluant la postérité nouvelle !

2. — Evangile selon Saint Jean, chapitre XXI, versets 20, 21, 22, 23.

20. — *Pierre s'étant retourné, vit venir après lui le disciple que Jésus aimait, et qui pendant la cène s'était reposé sur son sein, et lui avait dit : Seigneur, qui est celui qui vous trahira ?*

21. — *Pierre donc, l'ayant vu, dit à Jésus : Et celui-ci, Seigneur, que deviendra-t-il ?*

22. — *Jésus lui dit : Si je veux qu'il demeure jusqu'à ce que je vienne, que vous importe ? Pour vous, suivez-moi.*

(1) Chaque chiffre des commentaires dans leur ordre, correspond au verset des Divulgations.

(2) Coupeur d'oreilles de l'entendement.

D'après le verset 22, Pierre se vit donc traiter d'intrus par le Christ en personne.

23. — *Il courut sur cela un bruit parmi les frères, que ce disciple ne mourrait point. Jésus néanmoins n'avait pas dit : « Il ne mourra point » ; mais : « Si je veux qu'il demeure jusqu'à ce que je vienne, que vous importe ? »*

Par sa réponse, le Christ a donc clairement montré la pluralité des existences ainsi que celle des Mondes ; il a sanctionné le dogme de la réincarnation ou de la transmigration des Esprits.

Un jour viendra, où j'expliquerai cette doctrine sublime, qui est le fondement de toute *Justice et Charité.*

3. — Fondation de la République des États-Unis d'Europe, par le porte-flambeau de la civilisation, c'est-à-dire : la France. Les événements compris entre les dates du 24 juin 1889 et la Noël 1892 confirment la Rédemption. L'année 1893, au mois de janvier voit déjà tomber le vieux système social ; c'est un monde pourri qui disparaît, la Politique, cette bête affreuse, agonise.

4. — Les matérialistes, cette secte sans Divinité ni conscience, dont parmi eux : grand nombre de prêtres.

5. — La nouvelle couche sociale, celle prédite par Gambetta, qui prépare les événements de *l'Ere nouvelle.*

6. — Adhésion forcée du Pape à la République.

7. — La bête c'est la Politique, les hommes à la marque ou les matérialistes, dont parmi eux, je le répète grand nombre de prêtres.

8. — Evénements providentiels qui, à partir de la Noël 1892, forceront les hommes de bonne foi à reconnaître qu'une force occulte dirige : *Gouvernements et gouvernants, gouverneurs et gouvernés.*

9. — La Ville-Mystère, c'est Rome.

10. — Galilée, les Martyrs de la science, l'inquisition.

11. — Les matérialistes accusent le Peuple duquel ils sont, eux, les seuls détracteurs par la politique.

12. — Malheur à vous scribes et pharisiens hypocrites

de notre siècle, qu'avez-vous changé — *socialement* — dans vos pratiques de celles juives ?

Les princes des prêtres de l'Ancien Testament ou du Règne de le Crainte, ont condamné le Christ à mourir sur la croix, tout a été consommé pour la Race Juive, elle a été maudite, non éternellement mais jusqu'aux temps présents. Par le dernier soupir du Grand-Crucifié sur le bois d'infamie, la malédiction commença mais pour obtenir, au temps marqué, *la conversion*. Les princes des prêtres du Nouveau-Testament ou du Règne de l'Expiation laissent encore le Christ sur la croix avec l'Humanité, symbolisant les peuples de toute race.

O Père Céleste, Grand Architecte de l'Univers, qui déclouera l'Humanité du fanatisme dans lequel les matérialistes l'ont plongée ?

J'entends une voix fluidique qui dit :

« Le Règne de l'Esprit, par l'Amour de mon disciple bien-aimé et par le rachat du genre humain, symbolisé par ma résurrection qui n'est autre que le *Réveil Social.* »

Prêtres de l'Esprit-Saint, qui germez non dans le sacerdoce officiel mais dans le sein du Peuple : « *La moisson est prête, elle est abondante.*

Oui, la moisson est prête, c'est-à-dire que la majorité des hommes comprennent ; cela s'entend surtout dans les villes mais aussi dans les campagnes.

O belle jeunesse française ! O France de Jeanne-d'Arc ! que ne pouvez-vous dire avec moi : « *Nous voici, Seigneur ! Nous sommes à vos ordres. Bénissez-nous, et bénissez nos travaux. Nous sommes prêts à évangéliser : pour le progrès social, pour le Travail, pour la* JUSTICE *et pour la* CHARITÉ !

13. — Vos sanctuaires ont servi très souvent à l'entraînement progressif de la corruption virginale et conjugale et cela par votre célibat et par cette institution qui est une honte pour la famille et la société, c'est-à-dire : le confessionnal.

14. — Que faire avec le clergé actuel ?

A-t-il du cœur?

Est-il capable d'une action d'indépendance pour la tranquillité sociale?

Que deviendra l'Humanité vouée ainsi, par ses fautes, au matérialisme ?

Que lui importe tout cela?

Les prêtres de nos jours ont oublié que Jésus-Christ, ce formidable philosophe, se laissa crucifier pour soutenir sa doctrine ; pour eux, ce qui les occupe surtout, c'est : la garantie du pot-au-feu par le traitement, une belle et somptueuse demeure, lorsque leur Maître n'avait ni sou ni maille, ni de quoi reposer sa tête.

Le Fils du charpentier de Nazareth, symbolisant l'ouvrier, a renversé l'Empire de César, le plus puissant du Monde, et cela dans moins d'un an ; les prêtres de nos jours qu'ont-ils fait depuis 1860, si ce n'est la reconstitution du *veau d'Or* ou *du culte de l'Argent ?*

Malgré les événements présents, il dort toujours ce clergé jovial et mou, les perturbations atmosphériques, politiques et sociales le réveilleront bien de la sainte fainéantise corporelle et spirituelle dans laquelle il est plongé.

15. — Que les vrais savants examinent la doctrine Romaine et ses fruits, ils reconnaîtront : qu'elle est *ultramondaine* et que la ville de Rome, comme religion, contient les bêtes féroces de la Race Latine, dont *l'arène* est le monde entier. Il est donc nécessaire et urgent de traiter toute science par la méthode positive, c'est-à-dire par la logique du vrai spiritualisme.

16. — La France, le porte-étendard, l'initiatrice de toute civilisation.

17. — Les trois ans et demi de Daniel, et de l'Apocalypse.

18, 19 et **20.** — Salut socialistes basés sur la morale et la devise : *Travail, Justice et Charité.*

La victoire est à vous, tous les hommes de cœur vous applaudiront.

21, 22, 23, 24, 25, 26. — Les matérialistes, et parmi eux un grand nombre de prêtres.

MANIFESTE DE « L'ETOILE [1] »

A TOUS LES AMIS DE L'HUMANITÉ

Pour les renvois, voir les textes à la suite de ce manifeste, aux numéros correspondants.

I. — Parmi les innombrables questions sociales dont les solutions successives amèneront progressivement la *Solution totale du Grand Problème de l'Humanité*, les *ésotéristes* de toutes les Religions, de toutes les Philosophies et de toutes les Traditions ont déjà fait la lumière sur les plus importantes.

Quelques-unes des notions nouvelles, par eux introduites dans le monde des penseurs, peuvent être considérées, croyons-nous, comme définitivement acquises à la science positive.

Les mieux établies nous paraissent les suivantes :

1°. — Toutes les révélations qui ont trouvé crédit parmi les hommes découlent d'une RÉVÉLATION PRIMITIVE dont la source pure se cache encore dans le mystère même des origines de notre race.

(1) Ce manifeste a été imprimé à plusieurs milliers d'exemplaires. Un homme aux sentiments profondément religieux, qui s'est constitué l'apôtre de l'Etoile, s'est offert pour le répandre en France, sans vouloir accepter aucune rétribution. C'est un peu *le Tailleur de pierre de Saint-Point*, que Lamartine a rendu si sympathique. Estimant que l'honneur de l'homme est d'avoir confiance en Dieu et de gagner son pain par son travail, il parcourra la France en offrant en chaque localité le secours de son art.

2°. — Les Livres Saints de tous les Temples, de ceux de l'Inde et de la Chine, comme de ceux de l'Ethiopie, de l'Egypte, de l'Iran, de la Mésopotamie, de la Judée, de la Grèce d'Orphée, de l'ancienne Toscane, de la Rome de Numa, de la Gaule des Druides, etc., sont des versions plus ou moins fidèles d'une même BIBLE, qu'on peut appeler la BIBLE DE L'HUMANITÉ, et qui, dans l'Apocalypse de Saint-Jean porte le nom D'EVANGILE ETERNEL : « *Je vis un autre ange qui volait par le milieu du ciel, portant* L'EVANGILE ETERNEL, *pour l'annoncer à ceux qui habitent sur la terre, à toute nation, à toute tribu, à toute langue et à tout peuple.* » — (Apocalypse, Chapitre XIV, verset 6). (1).

3°. — Tous les cultes qui ont fleuri sur la terre — et on les compte par milliers — sont des variantes d'un seul et même culte, diversifié à l'infini par le malheur des temps et des influences politiques, et approprié selon les circonstances locales, au caractère et au génie particulier des différentes nations, après le cataclisme religieux et social qui divisa les peuples en les dispersant sur toute l'étendue de notre globe. Le souvenir de cette catastrophe générale s'est assez bien conservé dans les annales de tous les sanctuaires. L'AGE D'OR (1) n'est pas le fruit d'un rêve. Il s'est vu réellement sous les cieux. LA JUSTICE ET LA VÉRITÉ ont régné en souveraines parmi les hommes, et c'était bien là le ROYAUME DE DIEU. « La terre alors n'avait qu'un même verbe et parlait une seule langue ». — Genèse, Ch. XI, v. 1. — (2).

LA TOUR DE BABEL n'est pas un mythe creux : cette légende a toute la valeur historique que M. Alfred de Vigny n'hésite pas à reconnaître aux fictions allégoriques

(1) Certaines écoles pensent que le véritable *Age d'Or* fut pré-planétaire, supra-terrestre et purement astral. Les premières sociétés humaines qui s'organisèrent ici-bas, dans l'Orient, reproduisirent de leur mieux cette construction idéale. Mais cet *Age d'Or* de seconde main, plus fragile que le premier, s'évanouit à son tour sous l'action dissolvante des mêmes ferments qui l'avaient fait déchoir de l'Eden Zodiacal.

qui sont plus vraies, dit-il, que l'histoire elle-même dans ce sens qu'elles rendent témoignage à des principes supérieurs et à des faits généraux d'un *ordre social* universel très élevé.

4° — Des constatations qui précèdent résulte, comme corollaire, celle qui suit :

Toutes les Religions positives, — trop positives hélas! — peuvent être regardées comme des *institutions plus ou moins politiques*, où les Dogmes éternels ont dû forcément se revêtir de formes temporelles et transitoires, proportionnées à la capacité des peuples, à leurs besoins et à leur degré de civilisation.

Néanmoins, la véritable *Catholicité* a dû toujours exister quelque part, quand ce ne serait qu'en *principe* à l'état latent virtuel, et en puissance de *devenir*, absoment comme le chêne est en germe dans le gland, le poulet dans l'œuf, et le papillon céleste dans la chenille en travail de chrysalide. Cette *Catholicité* sortira, dans l'avenir, de sa forme embryonnaire et couvrira le monde entier mieux qu'elle ne le couvrait à l'origine ; car, disait Max Müller, « l'Humanité ne se donnera jamais de repos qu'elle n'ait solidement reconstruit la *Cité de Dieu* sur des basses aussi larges que les extrémité du globe, et où se rangeront un jour tous les peuples de la terre ». C'était aussi la prévision de Lamartine :

« L'œuvre du genre humain, c'est de trouver son Dieu. »

Et il ajoutait, dans une heure d'inspiration plus haute encore :

« Le monde en s'éclairant, s'élève à l'unité. »

Tout cela est vrai. Mais de quel Temple, de quel œuf, de quelle chenille sortira l'intégrale, l'universelle Religion qui portera légitimement les *quatre notes* canoniques de *Unam, Sanctam, Catholicam* et *Apostolicam*, qui sont d'après les Pères de Nicée, les caractères distinctifs de l'éternelle Vérité ?

Sur cette question l'accord n'existe pas encore entre les diverses branches théosophiques dont les ésotéristes se partagent la culture.

Nous ajoutons avec douleur que, selon toute apparence il en coûtera fort d'établir l'entente et l'union entre les *occultistes* de l'Orient et les *occultistes* de l'Occident.

II. — Parmi les questions qui restent posés et qui attendent à leur tour une solution définitive, il s'en trouve une de très grave et de très solennelle.

Des oracles fort vénérables, dont Cicéron s'était fait l'écho dans Rome et qui ont eu du retentissement partout, ont troublé plus d'une fois le sommeil des autocrates et fait trembler les trônes d'ici-bas.

UN ROI doit venir qui est « L'ATTENTE secrète des nations ». — Aggée, II, 8, — en même temps que « LE DÉSIRÉ des Collines éternelles ». — Genèse XLIX, 26. (3). L'Empire de l'Uunivers lui est promis. « Son joug sera doux et léger, il ne règnera que par la Beauté, par la Justice et par la Vérité ». — Psaumes XLIV, 7 (4). — Il mettra fin à toutes les abominations qui désolent notre planète. « *Il déposera de leurs siéges tout les potentats.* » — Saint Luc, I, 52 (5). — « *Il débarrassera la terre de la présence de César.* » — Saint Jean, XII, 31 (6). — « *A son nom tout genou fléchira dans le Ciel, sur la Terre et dans les Enfers.* » — Epitre de Paul aux Philippiens. Ch. II, v. 10 (7).

Quel sera ce Monarque? Sera-ce Bouddha, l'initiateur de l'Orient, ou sera-ce le Christ, l'initiateur de l'Occident? Lequel des deux verra-t-il ses autels superposés aux autels de l'autre? Des deux civilisations, l'une hindoue, l'autre chrétienne, dans lesquelles sont venues se fondre à peu près toutes les civilisations passées, quelle est celle qui prévaudra? L'Orient l'emportera-t-il sur l'Occident ou bien l'Occident l'emportera-t-il sur l'Orient?

Pour trancher cette question, il y aura nécessairement « mailles à partir et lances à rompre » comme a dit

Barlet. De cette grande controverse sortira le salut des sociétés humaines.

Hélas! nous le savons tous, c'est le propre de la Vérité Divine d'être livrée en proie aux disputes des savants quand ce n'est pas à leurs blasphèmes et à leurs outrages. Il fut dit à Celui en qui elle prit corps et figure parmi nous, il y a dix-neuf siècles! « *Vous êtes le Signe vivant sur lequel éclatera la contradiction suprême; vous êtes l'Etendard autour duquel se livreront les plus ardentes batailles.* » — Saint Luc, II, 34 (8).

L'Etoile se fera toujours un devoir de rendre hommage aux efforts noblement tentés par tous les théosopes en vue de répandre dans la Chrétienté les lumières qui firent la gloire relative des civilisations antiques. La raison en est simple : Nous croyons à *la Résurrection des morts,* qui est un article de notre symbole. Tout ce qui a vécu, revivra. Les civilisations éteintes se ranimeront et reprendront leur cours, dans ce qu'elles eurent de fondé sur la Justice éternelle et sur la Vérité divine.

En conséquence, nous considérons comme des *Alliées* toutes les revues scientifiques, nationales ou étrangères, qui se consacrent en nombre toujours croissant, à l'apostolat de la Théosophie, et particulièrement à celles qui comme *l'Aurore* et *l'Initiation*, ont eu le bon esprit, en France, de se placer dans une région sereine, au-dessus des passions sectaires, afin d'être mieux en état de compter les coups et de marquer les points, si jamais la partie vient à s'engager entre les traditionnalistes du dogme chrétien et les traditionnalistes du dogme hindou.

Nous regardons comme des frères les dix millions d'êtres humains qui, en dehors des cadres officiels des religions positives, cherchent la *doctride secrète* par voie d'initiation méthodique. Nous avons applaudi par l'organe d'un de nos rédacteurs en titre à l'apparition de la *Revue Théosophique* née le même jour que *l'Etoile*, et nous acclamons sans arrière-pensée le programme élaboré dans l'avant-propos de sa brillante directrice, Mme la comtesse d'Adhémar.

III. — Néanmoins, au milieu de cette libre et grande diffusion de lumières revenues au jour, alors que tant d'astres nouveaux se montrent partout, nos yeux demeurent attachés au firmament spirituel de la *Kabbale soharite :* l'Etoile immuable du Pôle Nord, le Christ solaire du Zohar, reste pour nous *le centre fixe* de tout ce mouvement, le foyer éternel de toutes ces lumières, et nous ne pensons pas violer la charité en défendant ce que nous croyons être la vérité.

Nous sommes persuadés que les peuples occidentaux, visiblement travaillés par des ferments de vie nouvelle et par un esprit de rénovation générale, inconnus par tout ailleurs que dans la Chrétienté, ne peuvent couronner leur civilisation et réaliser leur idéal de JUSTICE SOCIALE, de LIBERTÉ, d'EGALITÉ et de FRATERNITÉ, que par le triomphe même du *Saint-Evangile* d'où ces principes découlent comme d'une source divine.

Il est écrit dans cet Evangile que le « *Salut de la Judéo-Chrétienté ne peut venir que de la Tradition Judéo-Chrétienne* — Saint Jean, ch. IV, 22 (9) — laquelle, à travers les sanctuaires des Protogones, (« dont les noms sont inscrits aux diptyques celestes » — Epitre aux Hébreux ; chapitre XII, versets 23 et 24 (10) —) des Melchissédéens, des Abramides, des Kaldéo-Egyptiens et des orthodoxes d'Israël, s'est transmise jusqu'à nous par Moïse, par Jésus-Christ, par les premiers Apôtres et par l'Eglise, *Une*, *Sainte*, *Catholique* et *Apostolique*, dont la chaîne ne s'est jamais rompue, même dans Rome, malgré la décadence de cette Eglise et malgré les décrépitudes dont elle nous offre le spectacle affligeant.

A nos yeux Rome, est le *gland* dont nous parlions plus haut, et d'où sortira le tronc puissant qui couvrira de ses branches la terre entière — Saint Mathieu XIII, 31 et 32 (11) ; — ce gland pourrit en ce moment en vue de son éclosion universelle.

Elle est le *cocon* où le lépidoptère cache, sous la décomposition de sa première forme, le glorieux mystère de sa chrysalide ; ou, pour parler comme le poète, elle est le nid d'où s'étendront des ailes qui réchaufferont le monde entier.

Il est écrit aussi, dans ce même Evangile, que le salut vivant, que contemplèrent avant de mourir les yeux du vieillard Siméon, portera la délivrance à tous les peuples et que la Lumière qui brilla sur la face d'Israël resplendira sur le front de toutes les nations.—Saint Luc, ch. II 25, 26, 27, 28, 29, 30, 31, 32, 33, 34 et 35 (12).

C'est dire assez clairement que pour nous le centre de la Catholicité, c'est Rome, pour plus envoûté que soit de nos jours son sacerdoce. Nous nous expliquerons à fond, sur quelles raisons de haute sociologie se fonde notre conviction.

Il y a des Arcanes là-dedans, arcanes redoutables dont le Pontife romain a certainement la Clef bien qu'il ne puisse pas encore en faire usage, — nous dirons pourquoi. Peut-être d'ailleurs entre-t-il dans le plan de Dieu que ces arcanes soient mis au jour par d'autres que les Papes, garrottés comme ils se trouvent, dans les maudits liens de la politique césarienne annoncée à Pierre pour les vieux jours de son ministère, — sauf à Pierre, une fois dégagé, de confirmer canoniquement cette foudroyante révélation. — Saint Luc XXII, 31, 32 33, 34, 35, 36, 37 (13).

IV. — Ce que nous pouvons déclarer, dès aujourd'hui, c'est que la Religion chrétienne n'est pas seulement ce qu'il a été permis aux prêtres d'en enseigner jusqu'à présent. Sous la lettre des textes sacrés, sous l'écorce des symboles, des dogmes et des rites, sous le voile allégorique des Paraboles, des Sacrements et des Mystères, il se cache un esotérisme très profond, parfaitement connu, semble t-il, des premiers Apôtres et des grands Docteurs de l'Eglise primitive, mais dont les Evêques de la décadence ultramontaine ont complètement perdu l'intelligence, s'il faut en juger par leurs écrits. Ce que nous pouvons affirmer aussi, sans fausse humilité comme sans orgueil, c'est que les écrivains de *l'Etoile* savent parfaitement que toute *une face du Christianisme*, la plus belle et la plus miséricordieuse, *la face sociale*, est restée et *devait rester* dans l'ombre jusqu'à nos jours. Ce côté *scientifique et social* n'est pas moins divin que le côté *mystique et sentimental* qu'avaient à dévoiler, *seuls*, les prêtres de l'Eglise préliminaire et préparatoire dont le cycle se ferme à notre époque avec l'anneau des temps césariens.

Non! la mission des papes temporels et de leurs vieilles congrégations n'était pas, croyons-nous, de manifester l'esotérisme ineffable du dogme catholique, ni de prêcher aux peuples le *Christ Solaire, le Christ Social, le Christ-Esprit Humanitaire*, glorieux et triomphant; mais bien le *Christ planétaire*, le *Christ-Homme*, souffrant, martyrisé dans sa chair et dans son âme humaine, pour le rachat du genre humain tout entier, qui est son corps universel, déchiré, crucifié lui aussi, comme son chef, sur toute la surface du globe, et particulièrement en Occident. Cela ressort d'une masse de textes sacrés que nous ferons connaître en temps et lieu, et que nous discuterons un à un.

Tout cela dit à la décharge de l'Eglise romaine. Cette Eglise était *catholique*, sans aucun doute, à la manière que nous avons expliquée; mais aussi elle était *latine*, et comme telle ethnique; divisionnaire et non pas universelle, — politique et non pas sociale, — temporelle et non pas éternelle, — locale et non pas absolument catholique. Elle n'était point une *fin dernière*, un *nec plus ultra;* mais un moyen proportionnel, usé aujourd'hui jusqu'à la corde, et qui bientôt sera réduit à l'état de gousse vide ou de *Caput mortuum*, pareil à ces résidus inutiles qui restent au fond des cornues où la chimie transforme les substances. L'Eglise catholique romaine était une voie, orthodoxe il est vrai, mais transitoire et passagère pour aboutir où elle aboutit présentement. Les peuples touchent barre, barre sociale, barre définitive. Il faut ouvrir devant eux les portes qui leur ont interdit si longtemps l'entrée du Temple universel — *ce Bercail unique où le Rédempteur a promis de rassembler toutes les Eglises.* — Saint Jean x, 16. (14).

« Père, qu'ils soient UN, comme vous et moi nous sommes UN, et qu'ils se consomment dans l'UNITÉ. » — Saint Jean XVII, 23. — (15).

Génie de la Lumière, le Christ Solaire est le centre magnétique de l'Humanité ; « Il est le foyer vivant, radieux, vers lequel les aigles sont attirés », comme il le disait un jour. — Saint Luc XVIII, 27 — A mesure qu'il s'élève, il enlève le monde, il l'arrache aux ténèbres, il le purifie de ses fanges. « Je monte vers mon Père qui est aussi votre Père, s'écriait-il ; je monte vers mon Dieu qui est aussi votre Dieu, et, en gravissant ainsi les sommets de la spiritualité, j'entraîne tout après moi ». — Saint Jean XII, 32 — XX, 17. (17).

V. — Prisonnière de César et de Mammon, chargée d'entraves politiques, alourdie par le fardeau de ses possessions terrestres et de son bagage temporel, limitée de plus en plus par ses propres canons, empêtrée dans ses lois disciplinaires et dans l'inflexibilité de ses *non-possumus* tant de fois répétés, Rome peut-elle, sans briser ses fers, sans déchirer ses *concordats*, sans renverser tous ses cantonnements, englober en masse tous les Temples de la Terre ? On ne répond pas à des naïvetés de ce calibre.

Il faut donc de toute nécessité que ses bastions croulent, que les peuples sortent de son sein et que ses flancs se vident ! Et c'est bien là ce qui s'accomplit sous nos yeux, partout.

Cette désertion à peu près générale n'est pas une *Apostasie* comme on l'a dit et comme ne cessent de le répéter les prêtres. Saint Paul donnait à ce mouvement de sortie, qu'il voyait venir de loin, son véritable nom quand il l'appelait la *dissescion* qui précéderait nécessairement le second avénement du Christ ou le triomphe du *Christ-Esprit* : « Que personne ne vous séduise en quelque manière que ce soit ; car *ce jour ne viendra point* que l'apostasie ne soit arrivée auparavant, et qu'on n'ait vu paraître l'homme de péché, cet enfant de perdition. » (Deuxième épitre aux Thessaloniciens, ch. II, verset 3.) (16).

C'est une libération qui se fait : c'est l'exitus *Israël de Ægypto* ; c'est l'entraînement de l'Esprit du Saint-Evangile ; c'est l'acheminement rapide vers *l'établissement du Royaume de Dieu !*

Pape, évêques, prêtres, ne pleurez pas sur lés ruines de vos pauvres constructions. Laissez voler en éclat vos vieilles outres. « *Il est temps, sachez-le, de verser la divine vendange dans des vaisseaux nouveaux* », comme vous l'a dit l'auteur des Missions. C'est à cela que nous travaillons, nous écrivains de l'Etoile.

Notre œuvre est essentiellement catholique.

Au nom de Dieu ! sachez le comprendre, ô vous, Pontifes de la Chrétienté, sacerdoces de toute religion, de tout rite et de toute confession ! Les peuples souffrent du scandale de vos dissensions et de l'impéritie de vos enseignements, des maux qui vous accablent, vous les premiers, des défaites que vous subissez, des humiliations sans nombre que la science ne cesse de vous infliger, et des ravages qui, par votre faute, se produisent *dans les âmes, dans la famille, dans la société,* dans toutes les sphères de l'activité humaine.

Cette crise est terrible, épouvantable, oui ! mais aussi elle est providentielle. Le Christ l'avait prédite : « *C'est maintenant que le monde va être jugé, c'est maintenant que le prince de ce monde va être chassé dehors.* » — Saint Jean, ch. XII, 31.

(O Antechrist et tes soldats ! ne reconnaissez-vous pas dans le verset 31 du chapitre XII de l'Evangile de Saint-Jean, le même disciple réincarné et son poignet puissant? De sa main gauche il vous prend par la nuque et de sa main droite par la partie postérieure, il vous enlève et de son biceps d'acier, il vous présente aux peuples de toute race ; votre identité reconnue par les Nations, il vous lance la tête en bas dans la boue de la place de la ville de SODOME, sans que les éclaboussures atteignent les peuples que vous avez trompés. C'est dans cette posture indécente que *Jean* le disciple de l'amour appelle les oiseaux de proie pour déchiqueter les chairs des renonciateurs, et les vers pour ronger leur carcasse.)

La planète ne sombrera pas; le Rédempteur en a pris en main le gouvernail! France, rassure-toi! « *L'Eternel veut faire en toi de grandes choses !* »

Haut, les cœurs !

Prêtres, resterez-vous sourds, longtemps encore au *rappel* du Christ-Esprit, dont la *générale* sonne sur tous les points de la terre?

Cent sept Revues mensuelles *(en juin 1889)* publient le *Renouveau* avec plus ou moins de sagesse et d'intelligence, en France, en Belgique, en Angleterre, en Italie, en Espagne, en Portugal, en Amérique, dans l'Inde, dans le Japon, et même dans les îles de l'Océanie, en Australie.

Prenez garde, oh ! prenez garde ! si par le fait de votre ignorance cette Evangélisation nouvelle ne s'alliait pas à vos prédications passées, à vos Mandements et à vos Encycliques, la voix puissante de ces organes de rédemption sociale aurait pour vous des éclats de tocsin, et retentirait sur toute la terre comme la trompette du Jugement dernier, pour annoncer la fin de votre Eglise et de votre monde, la conclusion de vos temps, et la clôture définitive de votre cycle.

Depuis des siècles, le Christ réclame des ouvriers nouveaux. Il ne cesse de les demander au Père : « *La moisson est prête* », disait-il déjà sur la margelle du Puits de Jacob ; « *elle est abondante. Levez les yeux et voyez : les campagnes ont jauni sous les flots dorés du froment mûr. Ce qui manque, ce sont les ouvriers.*

Envoyez-les au plus tôt, ô vous, Père, qui êtes le Maître de cette merveilleuse récolte d'âmes. »

Et nous voici, Seigneur ! Nous sommes à vos ordres. Bénissez-nous, et bénissez nos travaux.

TEXTES SACRÉS

CORRESPONDANT AUX NUMÉROS DE RENVOI DU MANIFESTE DE « L'ÉTOILE »

---

1. — Apocalypse de Saint Jean, chapitre 14, verset 6.

« Je vis un autre ange qui volait par le milieu du ciel, portant l'Évangile éternel, pour l'annoncer à ceux qui habitent la terre, à toute nation, à toute tribu, à toute langue et à tout peuple. »

2. — Genèse, chapitre 11, verset 1.

« La terre n'avait alors qu'une seule langue et qu'une même manière de parler. »

3. — Genèse, chapitre 49, verset 26.

« Les bénédictions que vous donne votre père surpassent celles qu'il a reçues de ses pères ; elles dureront jusqu'à ce que le désir des collines éternelles soit accompli. Que ces bénédictions se répandent sur la tête de Joseph, et sur le haut de la tête de celui qui est *comme un Nazaréen* entre ses frères. »

4. — Psaumes, chapitre 44, verset 7.

« Vous avez aimé la Justice, et haï l'iniquité : c'est à cause de cela, ô Dieu, que votre Dieu vous à oint d'une huile de joie, d'une manière plus excellente que tous ceux qui y ont part avec vous. »

5. — Saint Luc, chapitre 1, verset 52.

« Il a renversé les grands de leurs trônes, et il a élevé les petits. »

6. — SAINT JEAN, chapitre 12, verset 31.

« C'est maintenant que le monde va être jugé, c'est maintenant que le prince de ce monde va être chassé dehors. »

7. — ÉPITRE DE SAINT PAUL AUX PHILIPPIENS, chapitre 2, verset 10.

« Afin qu'au nom de Jésus tout genou fléchisse dans le ciel, sur la terre et dans les enfers. »

8. — SAINT LUC, chapitre 2, verset 34.

« Et Siméon les bénit, et dit à Marie sa mère : Cet enfant est pour la ruine et pour la résurrection de plusieurs dans Israël, et pour être en butte à la contradiction des hommes. »

9. — SAINT JEAN, chapitre 4, verset 22.

« Et tous lui rendaient témoignage ; et, dans l'étonnement où ils étaient des paroles pleines de grâce qui sortaient de sa bouche, ils disaient : N'est-ce pas là le fils de Joseph ?

10. — ÉPITRE AUX HÉBREUX, chapitre 12, versets 22, 23 et 24.

22. — « Mais vous vous êtes approchés de la montagne de Sion, de la ville du Dieu vivant, de la Jérusalem céleste, d'une troupe innombrable d'anges » ;

23. — « De l'assemblée et de l'église des premiers-nés, qui sont écrits dans le ciel, de Dieu qui est juge de tous, des esprits des justes qui sont dans la gloire » ;

24. — « De Jésus qui est le médiateur de la nouvelle alliance, et de ce sang dont on a fait l'aspersion, et qui parle plus avantageusement que celui d'Abel. »

11. — SAINT MATHIEU, chapitre 13, versets 31 et 32.

31. — « Il leur proposa une autre parabole, en leur disant : le royaume des cieux est semblable à un grain de sénevé qu'un homme prend et sème dans son champ. »

32. — Ce grain est la plus petite de toutes les semences ; mais lorsqu'il est crû, il est plus grand que tous les autres légumes, et il devient un arbre ; de sorte que les oiseaux du ciel viennent se reposer sur ses branches. »

12. — Saint Luc, chapitre 2, versets 25, 26, 27, 28, 29, 30, 31, 32, 33, 34 et 35.

25. — « Or il y avait dans Jérusalem un homme juste et craignant Dieu, nommé Siméon, qui vivait dans l'attente de la consolation d'Israël, et le Saint-Esprit était en lui. »

26. — « Il lui avait été révélé par le Saint-Esprit, qu'il ne mourrait point qu'auparavant il n'eût vu le Christ du Seigneur. »

27. — « Il vint donc au temple par un mouvement de l'Esprit de Dieu. Et comme le père et la mère de l'enfant Jésus l'y portaient, afin d'accomplir pour lui ce que la loi avait ordonné; »

28. — « Il le prit entre ses bras, et bénit Dieu en disant :

29. — « C'est maintenant, Seigneur, que vous laisserez mourir en paix votre serviteur, selon votre parole, »

30. — « Puisque mes yeux ont vu le Sauveur que vous nous donnez, »

31. — « Et que vous destinez *pour être exposé à la vue* de tous les peuples, »

32. — « Comme la lumière qui éclairera les nations, et la gloire d'Israël votre peuple. »

33. — « Le père et la mère de Jésus étaient dans l'admiration des choses qu'on disait de lui. »

34. — « Et Siméon les bénit, et dit à Marie sa Mère : *Cet enfant est pour la ruine et pour la résurrection de plusieurs dans Israël, et pour être en butte à la contradiction des hommes;* »

35. — « (Jusque-là que votre âme même sera percée comme par une épée) ; afin que les pensées cachées dans le cœur de plusieurs soient découvertes. »

13. — Saint Luc, chapitre 22, versets 31, 32, 33, 34, 35, 36 et 37.

31. — « Le Seigneur dit encore : Simon, Simon, Satan vous a demandé *tous* pour vous cribler, comme *on crible* le froment : »

32. — « Mais j'ai prié pour vous *en particulier*, afin que votre foi ne défaille point. Lors donc que vous serez converti, ayez soin d'affirmer vos frères. »

33. — « Pierre lui répondit : Seigneur, je suis prêt à aller avec vous, et en prison, et à la mort même. »

34. — « Mais Jésus lui dit : Pierre, je vous déclare que le coq ne chantera point aujourd'hui que vous n'ayez nié trois fois que vous me connaissez. (C'est à ce trait de renoncement que le faux apôtre se fait connaître de nos jours). Il leur dit ensuite : »

35. — « Lorsque je vous ai envoyé sans sac, sans bourse et sans souliers, avez-vous manqué de quelque chose ? »

(Malgré la confiance du Christ, cette secte bizarre ne travaille aujourd'hui, que pour le Veau d'Or et la corruption religieuse, politique et économique. Soldats de la retraite, prêtres peureux, je vous l'annonce, les Peuples que vous avez trompés vous exécuteront !)

36. — « Non, lui dirent-ils. Jésus ajouta : Mais maintenant, que celui qui a un sac ou une bourse les prenne, et que celui qui n'en a point vende sa robe pour acheter une épée. »

(Par le peu de scrupule des prêtres, la Charité a disparu de nos jours, c'est à cause de cela, qu'il faut une bourse et de la science, pour se défendre contre le matérialisme et le fanatisme).

37. — « Car je vous assure qu'il faut encore qu'on voie s'accomplir en moi ce qui est écrit : Il a été mis au rang des scélérats ; parce que ce qui a été *prophétisé* de moi est près d'être accompli. »

14. — SAINT JEAN, chapitre 10, verset 16.

« J'ai encore d'autres brebis qui ne sont pas de cette bergerie ; il faut aussi que je les amène. Elles écouteront ma voix, et il n'y aura qu'un troupeau et qu'un pasteur. »

15. — SAINT JEAN, chapitre 17, verset 23.

« Je suis en eux, et vous en moi, afin qu'ils soient consommés dans l'unité, et que le monde connaisse que vous m'avez envoyé, et que vous les avez aimés comme vous m'avez aimé. »

16. — Saint Luc, chapitre 18, verset 27.

« Il leur répondit : Ce qui est impossible aux hommes est possible à Dieu. »

17. — Saint Jean, chapitre 12, verset 32 et chapitre 20, verset 17.

32. — « Et pour moi, quand j'aurai été élevé de la terre, j'attirerai tout à moi. »

17. — « Jésus lui répondit : Ne me touchez pas, car je ne suis pas encore monté vers mon Père ; mais allez trouver mes frères, et dites-leur *de ma part :* Je monte vers mon Père et votre Père, vers mon Dieu et votre Dieu. »

DISCUSSIONS THÉOLOGIQUES

AVEC UN ABBÉ MATÉRIALISTE

JOURNAL « L'AGLY » DE RIVESALTES ET DES PYRÉNÉES-ORIENTALES DU 12 MARS 1892.

Rivesaltes, le 7 mars 1892.

Monsieur le Directeur de *l'Agly*,

Dans votre numéro de samedi dernier vous y avez inséré un long, même trop long article, relatif à *l'Apocalypse*.

Je crois que son auteur ne ferait pas mal de donner, à Rivesaltes, une conférence publique pour développer aussi clairement que possible son article, car je ne crois pas me tromper en disant que la généralité de vos lecteurs, et je m'y mets du nombre, n'y a rien ou presque rien compris.

Je ne doute pas qu'il serait religieusement écouté. Qui

sait, peut-être quelque membre du haut clergé viendrait discuter publiquement avec lui, les principe qu'il expose.

J'espère que vous voudrez bien insérer ma lettre.

Merci d'avance.

Signé : A.-B. Si..., (non métaphysicien).

NOTE. — Il a raison, le pauvre Abbé, il n'a rien compris à mes « Divulgations Apocalyptiques » cela ne surprendra personne : en fait de sciences positives, la généralité du clergé français est nul et en *sciences métaphysiques, il est encore plus nul ?*

JOURNAL « L'AGLY » DE RIVESALTES ET DES PYRÉNÉES-ORIENTALES DU 19 MARS 1892.

Le 14 mars 1892.

A Monsieur A.-B. Si..,

Je réponds à votre lettre du 7 mars 1892, insérée sur le journal *l'Agly* de samedi 12 courant.

La loi du 6 juin 1868 sur les réunions publiques dit :

Article 1er. — Les réunions publiques peuvent avoir lieu sans autorisation préalable, sous les conditions prescrites par les articles suivants. Toutefois, les réunions publiques ayant pour objet de traiter des matières *politiques* ou *religieuses* continuent à être soumises à cette autorisation.

Suivent 13 articles qui développent et complètent la loi.

Vous n'ignorez pas, Monsieur, quelles sont les formalités auxquelles les réunions publiques astreignent le conférencier, elles sont longues et coûteuses, lorsque l'entrée est libre, car ce serait le cas de celle que vous désireriez.

D'autre part, le Peuple est-il assez spiritualisé pour comprendre et saisir la signification des paroles qui passent rapidement, selon la profondeur du sujet traité et le talent de l'orateur ?

Que restera-t-il après la conférence?

Encore, et c'est le cas le plus fréquent, le raisonnement de celui qui parle est faussement interprété et rapporté, parfois : très bien compris et intentionnellement tronqué.

Pour ces considérants, je préfère la discussion publique sur une ou plusieurs feuilles, peu importe les idées politiques ou religieuses qu'elles représentent, me souciant fort peu de l'esprit de secte ou de parti.

Je répondrai à tout auteur connu, avec désignation de sa profession étant : en haut, en bas, ou au milieu de l'échelle d'une hiérarchie quelconque???

Pour mon compte, et dès la première attaque théologiquement fondée je signerai mon nom.

Il est vrai, Monsieur, les trois *Divulgations Apocalyptiques* sont longues, mais elles sont bien courtes comparées : à *l'Ancien Testament ou la Bible* et au *Nouveau*, ou aux *Saints-Evangiles*, aux *Actes des Apôtres*, aux *Epitres*, voire même, à *l'Apocalypse*, ou le livre de *la Révélation de l'Avenir*, écrit par Jean, le disciple bien-aimé du Christ, exilé après la mort du Maître à l'Ile de Pathmos, l'une des Sporades.

Cet écrit comporte le sens symbolique comme tous les écrits de ce genre, sans s'écarter du *Ternaire*, c'est-à-dire :

1° — De la signification de la lettre, qui paraît absurde seule ou par *l'exotérisme*.

2° — De celle spirituelle qui se rattache à la métaphysique, en revêtant le caractère mystique.

3° — Par la signification *ésotérique*, (c'est-à-dire scientifique) ou l'explication claire et précise de ce que veut dire *l'initié*.

Donc, l'écrit paru ne peut être rendu clair et précis que par l'explication que vous demandez, vous êtes dans le vrai.

C'est de l'union dans la synthèse, de la triple signification des principes ou préceptes que vous visez, que découlera la traduction claire et précise de l'auteur, pour être compris même du Peuple.

Les trois *Divulgations*, qui ont paru en juin 1889 sur la revue *l'Étoile* d'Avignon (Vaucluse) visent uniquement le clergé matérialiste, les ennemis naturels de la société par l'ultramontanisme, ces hommes néfastes qui n'exercent plus un ministère *de la Puissance fluidique et universelle qui est Dieu*, mais bien : un métier.

....

Ils ont perdu la religion du Christ pour la satisfaction de leur ventre, et pour certains autres sens qui ne comportent pas le caractère de leur virginité?

....

....

C'est ainsi qu'on tond les brebis??

Aussi le commerce du bercail est bon???

Ils portent l'audace, *ces endiablés du chiffre 666*, jusqu'à l'insulte des Lois de leur Pays, lorsqu'ils sont soumis à la Puissance reconnue, d'un pouvoir résident chez un Peuple, que l'ingratitude a fait ennemi?

Les Lois Françaises aident les vrais Ministres du Christ, dans leur tache émancipatrice de l'Esprit, en développant l'instruction positive de la jeunesse, les prêtres ignorants et matérialistes dénigrent ces lois; *où la Liberté est-elle touchée?*

Ces mêmes Lois les élèvent au rang de citoyens par l'école de la défense de la Patrie; que font-ils?

Ils vont contre cette Loi; parce qu'ils ne veulent pas accepter volontairement le titre ce citoyen libre; *et où l'Égalité est-elle touchée?*

Comment, ils appellent le Peuple « *Frères* » et ils ne veulent accepter ni reconnaître ce que la volonté nationale accepte; *où est donc la Fraternité?*

N'est-ce pas la *Révolte?*

Par une charité temporaire contre laquelle le Peuple

se ravisera bientôt, ces mêmes Lois les garantissent de la misère et ils insultent la *Nation* qui les nourrit, en se révoltant contre *leur Chef* et contre *la République* par des actes collectifs ?

Et qu'arrive-t-il ?

Les principaux chef du Gouvernement, par abus de pouvoir personnel et par mépris du Peuple, *dont ils payeront bientôt les conséquences*, trafiquent secrètement avec eux et les ingèrent avec beaucoup de doléances diplomatiques dans la place qu'ils minent plus qu'on ne croit, par une soumission simulée.

S'en rendront-ils maîtres ?

Non !

Les murs de cette place, qui est la République, les engloutira sous ses décombres avec leurs trafiquants cosmopolites, *d'ici à la Noël 1892.*

Signé : JEAN DE L'APOCALYPSE.

JOURNAL « L'AGLY » DE RIVESALTES ET DES PYRÉNÉES-ORIENTALES DU 2 AVRIL 1892 (3e page, 2e colonne.)

Monsieur A.-B. Si.., attend toujours une réponse de *Jean de l'Apocalypse*, au sujet de la conférence.

JOURNAL « L'AGLY » DE RIVESALTES ET DES PYRÉNÉES-ORIENTALES DU 16 AVRIL 1892.

En réponse à la note de M. A.-B. Si.., parue au journal *l'Agly* du 2 avril, veuillez insérer celle ci-dessous.

Si Monsieur A.-B, Si.., est un abbé........ quelconque, qu'il ose le dire publiquement et *Jean de l'Apocalypse* jugera s'il doit accepter de donner une conférence.

Il a l'honneur de lui faire remarquer :

1o — Que c'est le clergé matérialiste qu'il attaque, mais qu'il vénère celui spiritualiste quoique très rare. C'est sur le terrain théologique et par écrit qu'il provoque les premiers, sa réponse du 19 mars 1892, sur ce même journal, est assez claire à ce sujet.

2o — Il n'a pas promis de donner de conférence, c'est Monsieur *l'A.-B. Si.* , qui veut l'amener sur ce champ de bataille, peut être il aura à s'en repentir.

3o — Le moment n'est pas encore venu, il faut arriver au 24 juin 1892 pour cela. A cette date, il est probable qu'il cessera d'écrire pour parler alors publiquement, afin de cingler *le clergé matérialiste ou les fils de la nuit*, avec le fouet du Temple ?

4o — Il veut avant expliquer quelques symboles, concernant l'avenir du Peuple et de la France.

Pourquoi vous êtes contre : la loi scolaire, la loi militaire, pour et contre le concordat, contre les juifs et les franc-maçons.

Rendre visible aux plus simples le rôle vil que vous faites subir à la *femme*, car vous vous méfiez d'elle, par la mission prochaine que va jouer sa sensibilité, pour être l'élément régénérateur de la société.

C'est cette vaillante *fille d'Eve* qui, de son talon, écrasera la tête du serpent de la Genèse, *le fanatisme religieux*.

Ne vous impatientez donc pas, Sire abbé, *Jean de l'Apocalypse* n'est pas un agitateur ; c'est un calculateur sociologiste, un évolutionnaire. Il est homme à prendre vos doctrines fausses par les cornes et de faire agoniser avec les adorateurs du chiffre *666*, la bête de l'Apocalypse.

C'est le viril ordre religieux qui se réveille ; c'est la lutte au fanatisme, pour en faire ressortir le pur et saint dogme de la *Religion Chrétienne*, morale que vous avez contrefaite pour être les propagateurs d'un culte personnel.

Vous avez voulu combattre le *Juif-Errant*, (Figure du Christ) ; il revient de nos jours finissant le tour du Monde, et le *Juif-Errant*, vous vaincra !

Signé : Jean de l'Apocalypse.

TOMBOUCTOU

JOURNAL « L'AGLY » DE RIVESALTES ET DES PYRÉNÉES-ORIENTALES DU 11 JUIN 1892.

« *Pour montrer le chemin à* PIERRE, *afin de le conduire par la* VOIX *dans la* VOIE *de la Rédemption.* »

Divulgations de Jean de l'Apocalypse, du 24 juin 1889 verset 6. — Réponse à la causerie de M. Auguste Ribes, parue sur ce journal, à la date du 4 juin 1892.

ROME (Italie), en tant que ville du Pontificat-Suprême de la catholicité, finira d'exister *(moralement)* à la Noël 1892, car sa tombe s'est ouverte le 24 juin 1889 par l'Esprit qui conduit la main du *Sagittaire*.

ROME ET PIERRE, auront fini leur rôle civilisateur en Europe ; l'une et l'autre doivent se retirer.

Il existe d'autres parties du Monde à instruire, mais l'expérience du *Passé* éclairera la morale de l'Église et celle de son Chef?

L'Église de Rome et le Pontificat de Pierre sont mariés par le Christ, leur mission est temporaire et définitive; tant qu'il existera sur le globe des nations vivant dans l'ignorance, le paganisme et le matérialisme, la mission de Pierre doit s'établir et s'exercer.

Il en sera ainsi, jusqu'à ce que la Terre soit complètement éclairée; alors Pierre, remettra les clefs de la science du bien et du mal et dira : MAITRE DE L'UNIVERS, je t'ai fidèlement servi, puisque les Peuples comprennent, les six sceaux sont ouverts, je vais briser le septième, advienne le royaume de Dieu sur la terre!

En attendant l'évolution définitive que fait Pierre?

Depuis le 24 juin 1889, il fait comprendre aux peuples civilisés, que Dieu n'est pas *un être personnel* mais UNE FORCE FLUIDIQUE : elle est universelle dans le mouvement planétaire des Mondes, elle est sociale dans l'Humanité et L'HOMME EST DIEU.

Donc, tout Pouvoir qui trompe l'homme ou la société trompe Dieu ; *et c'est là, la gravité des fautes de Rome.*

A ce sujet, écoutez ce que dit le Prophète au verset 47 de la troisième divulgation apocalyptique.

« *Ils n'échapperont pas à la justice divine, de laquelle ils ont comblé la mesure.* »

C'est la conduite de Pierre qui a montré aux Peuples éclairés, où était L'ANTÉCHRIST et qui sont ses soldats???

Et le Peuple répond logiquement.

« *Le noir attire le noir, le blanc et le noir se repoussent, justice se fait, écrasons l'infâme ; la magie blanche du Prophète accule la magie noire de l'Antéchrist, c'est l'Homme de l'Apocalypse, l'Hercule de la Liberté morale poussant dans ses derniers retranchements le principe et le prince des ténèbres.* »

Et où Pierre doit-il, de Rome, porter son centre de civilisation? A TOMBOUCTOU, la ville mystérieuse de l'Islamisme, la Rome noire, la ville sainte du Soudan, dans l'Afrique orientale au bord du Niger.

Après avoir ainsi parcouru toutes les parties du monde, Pierre brisera le septième sceau dans Jérusalem, au Temple reconstruit de l'Humanité, et de là : bénira, en Jésus-Christ décloué de la Croix, le Monde entier.

Il prouvera ainsi, par ce mouvement circulaire et civilisateur ; que *l'Unité* des races ou le centre est Dieu et que le compas de ce mouvement, est *l'an un* de l'Ere Chrétienne ou la naissance de Jésus-Christ ! ! !

C'est là où le *Géomètre l'homme à la canne,* trouve ses outils de précision. (Apocalypse ch. XI, verset 1, 2 et 3) ?

Signé : JEAN DE L'APOCALYPSE.

P.-S. — Quant à la visibilité du déménagement de Rome, ce que vous remarquez, Monsieur Ribes, n'est que l'avant-projet ; l'heure définitive n'est pas venue, mais elle approche.

C'est la confirmation en années de la prophétie : « Un temps, deux temps et la moitié d'un temps », dont la traduction numérique est : trois ans, six mois. Ce qui donne la formule que vous connaissez, c'est-à-dire : « *L'Age du Cheval-Blanc est ouvert depuis le 24 juin 1889 et ses effets se feront sentir jusqu'à la Noël 1892.* » Aux trois ans et demi, le Prophète Daniel ajoute, ch. xii verset 12 : « *Heureux celui qui attend, et qui arrive jusqu'à mille trois cent trente-cinq jours* » c'est-à-dire 45 jours après.

Nous allons entrer à l'époque de *l'écroulement social du vieux monde*, vous en verrez de plus fort !

Signé : Jean de l'Apocalypse.

LES JUIFS

JOURNAL « L'AGLY » DE RIVESALTES ET DES PYRÉNÉES-ORIENTALES DU 17 SEPTEMBRE 1892

D'après la Bible *(que je considère comme le livre mystérieux, renfermant la science des mondes et la cosmogonie non-seulement de la Terre, mais constellaire et universelle)* le Peuple Juif est le Peuple le plus ancien du monde civilisé.

Ils portèrent d'abord le nom d'Hébreux et puis celui d'Israélites ; ils furent appelés Juifs après la captivité de Babylone et Juifs-Errants ou Maudits, après la mort du Christ.

C'est chez les Juifs que s'est conservée la tradition Hébraïque, culte qu'ils n'ont jamais renié.

J'esquisse d'une manière brève la généalogie de cette race pour arriver plus tôt à ce que je veux dire.

Abraham, Jacob, les douze tribus de la Judée.

Moïse fut leur dictateur ; c'est par son puissant génie qu'un code de fer leur fût donné.

Josué les conduisit à la Terre promise *(au sol fécond)*, que Moïse leur faisait attendre depuis quarante ans.

Puis vint le gouvernement des Juges, des Rois : Saül, Daniel et Salomon. Sous le règne des deux derniers, la civilisation Juive avait atteint son apogée, mais, par suite de divisions, les douze tribus se séparèrent et devinrent tributaires de ROME PAR POMPÉE : en conservant cependant leurs lois et leur système de gouvernement.

Si les Juifs sont dispersés, persécutés et forcés d'émigrer sur toute la surface du globe, c'est pour avoir crucifié *leur Messie promis, le Christ*. Il les maudit du haut du Golgotha par le grand accomplissement de la Loi éternelle : *Consummatum est !*

Alors aussi commença la malédiction pour les Juifs.

Puisque la Révolution les a classés comme citoyens *(je reconnais cependant que cette révolution a été faite un siècle trop tôt comme moyens pratiques)*, je ne comprends pas, ou plutôt, je m'explique à fond, LES DESSOUS de la guerre acharnée qu'on fait à cette race, qui, certainement, si elle avait le bon sens de rentrer dans sa MÈRE-PATRIE, — la Judée, — deviendrait dans peu d'années le Peuple le plus florissant du Monde, par les moyens intellectuels et financiers dont elle dispose. Qu'on n'oublie pas que tout gouvernement, quel qu'il soit, s'il veut rester légalement constitué, a pour mission de faire respecter les citoyens et la propriété ; or les Juifs sont des citoyens et ils possèdent ?

Je dis à leur adresse.

Du moment que Jésus-Christ a été condamné à mort, pour avoir soutenu devant le Peuple et devant les Princes des Prêtres : *qu'il était le* MESSIE *attendu par vous et votre* ROI SPIRITUEL, pourquoi en attendez-vous un autre, en la personne d'un puissant Monarque matériel ?

Alors, vous pouviez douter de sa Divinité, vous n'aviez pas vu.

Il annonça : que votre Temple serait détruit.

Est-ce que TITUS ne prit pas Jérusalem et ne détruisit pas le chef-d'œuvre de Salomon le 8 septembre 70 de notre ère ?

Peuple Juif, ces décombres attendent de vous une nouvelle édification matérielle et morale !

Vous préférâtes délivrer BARRABAS, un voleur, et condamner le Nazaréen, un innocent.

Est-ce que depuis ce déicide, vous n'avez pas été considérés comme des voleurs ?

Est-ce que le sang de vos Pères n'est pas retombé sur vous ?

Le JUSTE vous maudit du haut du Calvaire et vous condamna à errer jusqu'au temps dont le terme est proche ?

Ce qui se passe aujourd'hui, en Europe, est un signe certain de la question !

Est-ce que ces prédictions ne se sont pas accomplies à la lettre ?

Peuple Juif, reconnaissez en Jésus-Christ votre MESSIE-RÉDEMPTEUR et la malédiction cessera !

Ne vous dispersez plus, rentrez dans la Judée, reconstruisez le Temple de Salomon qui sera celui de l'Humanité, et vous deviendrez le Peuple le plus puissant de l'Univers, car vous aurez rendu gloire à l'Éternel.

Laissez le TALMUT, reconnaissez la Fraternité en vous conformant à la morale de votre Libérateur, qui est le Christ et son Evangile.

Chrétiens, c'est-à-dire affranchis, vous serez le flambeau du genre humain par votre résurrection nationale et sociale. Vous changerez la face morale du Globe, tous les *Peuples vous admireront* à cause de la longanimité avec laquelle vous avez supporté l'exil et le mépris public, résultat de la malédiction du Crucifié.

* * *

On fait actuellement aux Juifs une guerre acharnée, on dit encore : *ce sont des Juifs.*

Je réponds ici pour eux : est-ce que les Juifs ne sont pas des hommes, ne sont-ils pas reconnus par la Loi ?

Si, politiquement, on voulait aller à la source des choses, on verrait certainement, la démonstration d'une preuve accablante de ce que les persécuteurs devraient être les persécutés ?

On trouverait également *(si l'Esprit qui préside au bon sens pouvait parler)* que les Juifs sont plus près de leur résurrection morale et sociale que ceux qui les pourchassent : *c'est par la Race Juive, que le grand problème social et philosophique sera résolu.*

Pour quiconque veut juger avec impartialité, on voit dans ce qui se passe actuellement, les dessous de l'agissement : DE ROME OU DU CLÉRICALISME, et de la guerre au capital ou autrement dit, à la propriété.

C'est à la confirmation des versets 41, 42 et 43 des Divulgations de Jean de l'Apocalypse, dont voici le texte :

41. — « *Jésus-Christ a vaincu le Monde, et l'Antéchrist, en qui le Monde se personnifie, veut vaincre Jésus-Christ.* »

42. — « *C'est à cause de son orgueil, qu'il va donner son dernier coup de corne pour l'enfoncer dans le cerveau; la corne est si longue qu'elle ira, en se brisant, du cerveau au cœur.* »

43. — « *L'épée tombe et la paix s'annonce.* »

Je vois dans ces politiciens *(quand je dis politiciens je veux dire comédiens)* des anarchistes (1) formidables de la compagnie de Jéhu, plus redoutables que ceux qui

(1) Tant que *l'Anarchie* s'attaquera à la propriété par une lâche agression, cette doctrine restera insensée et la conséquence de bassesses inqualifiables.

Que *l'Anarchie* s'attaque aux mauvaises institutions et aux hommes qui, investis par la confiance populaire d'un pouvoir ou d'une dignité, en abusent sans droit ni conscience ; n'attaquez pas ces hommes pendant la nuit mais en pleine lumière avec des preuves, par la parole ou la presse.

C'est cette *Anarchie* que le Christ pratiquait ; elle a fait sauter plus d'institutions et d'hommes que toute votre dynamite réunie ne ferait sauter de cailloux d'édifices ?

ont l'audace de détruire la propriété par la violence. Les premiers veulent aboutir à une confiscation, que n'excuserait jamais la nouvelle couche sociale, et pour cela faire : *se servir des seconds par la guerre civile.*

Je signale cette dernière appréciation aux gouvernants, c'est le but secret des évolutions supra-extraordinaires qui se produisent?

C'est le guet-apens politique dans lequel *la longue corne* désignée ci-haut, au verset 42, se brisera et achèvera : *Trônes et Tiare,* en allant, du cerveau *(des Peuples)* au cœur *(des Nations).*

⁂

Et les prêtres matérialistes, ces amateurs de la lettre, qu'ont-ils tant à crier contre les Juifs?

N'ont-ils pas leurs idoles que Moïse condamna et que Daniel réprouve, n'ont-ils pas aussi leurs costumes d'officiants avec leurs pratiques burlesques, n'ont-ils pas ce qu'ils leur reprochent « *l'Amour de l'Argent* », ne renient-ils pas le Christ publiquement, par la nudité de leur enseignement et leurs pratiques matérielles, savent-ils quelle est cette force qui est Dieu et le prochain ? *Et leur célibat, cette plaie sociale, source d'immoralité qui est la risée des peuples affranchis ?*

Comme les Juifs, ne conservent-ils pas dans Rome et ailleurs un costume particulier, habit de condamnation ?

Encore ici et à l'adresse des prêtres matérialistes, je cite les versets 12, 13 et 14, des *Divulgations de Jean de l'Apocalypse.*

12. — « *Parce qu'ils ont tenu crucifié le Juste, là où ils devaient l'élever ressuscité, glorieux et triomphant.* »

13. — « *Parce qu'ils n'ont pas eu pitié des Vierges qu'ils détournent des voies saintes de la vie conjugale.* »

14. — « *Parce que vous dormez on vous réveillera !* »

Les trois Divulgations du 24 juin 1889, les événements atmosphériques, politiques et sociaux vous réveillent bien, de la sainte fainéantise spirituelle dans laquelle vous êtes plongés, depuis les épouvantables catastrophes de *l'an mille.*

A l'apparition de la Révolution, il y a un siècle, vous vous êtes frotté les yeux, bâillé et tiré les bras ; maintenant, vous courbez l'échine et on macadamise dessus : c'est juste?

Si vous aviez été, vous et vos maîtres, les esprits subtils dont à tort on vous croit doués, vous pourriez lever la tête ; mais c'est fini ; le verset 48 des Divulgations Apocalyptiques est le vôtre : « *Ce sont des menteurs, qui remplacent la Religion de Jésus-Christ par* LE CULTE DE L'ARGENT ; *ils voudraient se sauver en finissant de vous perdre, mais c'est en vain. Ils n'échapperont pas à la Justice Divine, de laquelle ils ont comblé la mesure.* »

Et bien, mémorable abbé Si.., de *l'Agly*, avez-vous compris maintenant ; êtes-vous suffisamment dépouillé de la chape de la mauvaise foi?

Est-ce que vos cabrioles horizontales n'auraient pu réussir à vous désagrafer?

Je reviens à mon sujet.

Les Juifs ont été du moins logiques, ils n'ont pas voulu reconnaître le Christ comme Messie ; ils ont été, et ils sont encore châties depuis dix-neuf siècles, ils méritent donc bien le pardon.

Mais Rome, après l'avoir *renié trois fois au Calvaire en la personne de Pierre*, l'a reconnu et n'a su l'enseigner autrement que crucifié, lorsqu'elle devait le faire : ressuscité, glorieux et triomphant en la personne de tout homme et de l'Humanité, qu'elle a laissée clouée sur la croix de l'ignorance et du fanatisme.

Je pose la question.

Qui est le plus coupable?

Est-ce Rome ou Israël?

La réponse est facile, lecteurs vous la connaissez, *c'est Rome.*

Donc, on doit tendre fraternellement la main aux Juifs au lieu de les expatrier, surtout lorsqu'on les a reconnus et dotés des droits de citoyen.

Du moment que les ultramontains conservent les pratiques juives, je dis : que la Résurrection sociale du catholicisme s'opérera, en même temps que celle juive, et que le Paraclet ou la venue du Christ, en Esprit dans l'intelligence des Peuples par l'Evangile, domptera les deux sectes en leur montrant la voie et le but humanitaire.

J'ajoute : que la société qui opérera cette transformation, fera le GRAND COUP.

Je souhaite pour la France catholique qu'elle atteigne ce but et que, prenant le Juif de la main gauche, le Protestant de la main droite, elle se présente en face de l'Univers et dise : « *Nous nous sommes réunis pour nous unir, nous fondons l'Unité.* »

Signé : J. VICÈRE, Géomètre.

COSMOLOGIE THÉOLOGIQUE

JOURNAL « L'AGLY » DE RIVESALTES ET DES PYRÉNÉES ORIENTALES DU 2 AVRIL 1892.

L'Humanité traverse, ainsi que nous l'enseignent les grands Maîtres de la Sagesse, des cycles dans la durée successive des siècles ; elle suit donc la loi du *Soleil* dans sa marche, où il parcourt les groupes d'étoiles, mondes divers, que la science nomme les constellations.

Dans sa création, *la puissance fluidique et universelle qui est Dieu,* dont la sagesse et la bonté sont infinies, a eu pour but la glorification de ses créatures ; l'Humanité dès lors doit parvenir à cette destinée, car il faut qu'il en soit ainsi à la Noël 1892.

A cette date et en la première année de notre ère, la

naissance de Jésus préparait pour 33 ans après, la chute du paganisme, propagé par la Babylone ancienne, la Rome de nos jours.

En septembre 1791, fut close l'ère de la monarchie, dite de Droit divin, et qui ne consacrait plus que des abus, par la jonction du Droit divin et du Pouvoir temporel.

En juin 1889 un simple homme du peuple a ouvert « L'AGE DU CHEVAL BLANC » ou les trois ans et demi de l'Apocalypse; par ce symbole, cet homme a voulu avertir le société, que nous entrions dans l'époque transitoire qui verrait s'accomplir ce que dix-huit siècles n'avaient pu faire, la société n'étant pas assez mûre pour cette œuvre gigantesque. Il a fixé sa clôture à la Noël 1892.

Il a annoncé : que Rome, en tant que ville du Pontificat suprême de la catholicité, tomberait moralement. Et Rome tombera.

A l'Ère où nous sommes, l'Humanité va donc voir s'accomplir ce qui est signifié par le grand Arcane du Sagittaire, dans les cieux intellectuels; nous sommes en effet dans le cycle du Sagittaire.

Un cycle peut renfermer des siècles; de même il se résume aussi en des années, dans le travail définitif, où se réalise la destinée de l'avenir de l'Humanité.

Les étoiles dans les cieux forment des lettres de la science sacrée, et c'est dans cette *Ecriture Divine,* que les Maîtres de la sagesse connaissent le plan de Dieu, et où nous en sommes pour la réalisation de ses desseins Éternels.

C'est dans cette science d'un ordre absolument sacré, que des *Hommes Missionnés d'en Haut,* dont l'histoire nous offre un type dans le Centaure Chiron, ont mis en figures les douze signes de zodiaque qui sont les constellations qui se trouvent sur la route parcourue par notre soleil, à travers l'immensité de la voûte étoilée.

Le Zodiaque est divisé en douze constellations principales, parce que le chiffre 12, selon la signification des nombres, est celui de la réalisation parfaite et absolue, ainsi que le savent ceux à qui la loi et le sens des chiffres sont connus, dans la signification sacrée.

Dans les temps où nous sommes, le Sagittaire a le chiffre 10, dans l'ordre des signes du Zodiaque. Or, personne n'ignore que 10 est le chiffre complet, car c'est par lui que tous les nombres sont possibles.

Nous voici donc, dans la série des siècles, à un des points culminants de l'histoire et des évolutions de notre humanité.

Saluons donc cette *Ère mystérieuse* où dans un enfantement, hélas, bien douloureux, nous allons enfin entrer dans le *Règne Glorieux* qui a été prédit par les *Saints Prophètes !*

CE QUE SIGNIFIE

LE GRAND ET SUBLIME SYMBOLE

NOMMÉ LE SAGITTAIRE

Il est avéré par tous, que le Sagittaire n'existe pas dans l'ordre humain. Mais, les Maîtres en science sacrée, qui ont dessiné un Sagittaire, dans la constellation du Zodiaque, savaient qu'ils exprimaient là, un symbole d'une chose qui n'existait que dans l'ordre divin.

Le Sagittaire est à la fois, un cheval et un homme.

Pour ceux qui n'ont aucune science des choses de l'ordre divin, il y a là un Arcane mystérieux, qui reste sous un sceau.

Et, néanmoins, l'histoire nous montre des Sagittaires dans toutes les traditions sacrées de l'Égypte, de l'Inde, de la Grèce.

A coup sûr, les Maîtres de la Sagesse savaient ce qui

était voilé sous le symbole de cet Arcane; sans cela, ils ne l'auraient pas conservé fidèlement.

Voici donc la signification de ce symbole, que nous voyons dans la constellation du zodiaque, et qui doit, dès lors, se réaliser aussi sur la terre.

Le cheval un avec l'homme, veut dire : qu'il doit exister ici-bas, dans les conditions de notre vie terrestre, un homme, dans les lois animales où nous sommes, qui réalisera le sens Divin de cet Arcane sacré.

Mais, observons que si le cheval est un avec l'homme, dans le symbole du Sagittaire, il est vrai aussi, en considérant le symbole dans l'ordre divin, que l'homme à la flèche est un avec le cheval.

Mais si l'homme tient une flèche, ce n'est donc pas un homme ordinaire, c'est *un Missionné du Ciel.*

Et afin de bien établir que c'est bien là ce qu'il faut entendre, il faut noter, avec soin, que la dénomination donnée à la constellation du zodiaque, vient uniquement de la Flèche « SAGITTA », qui a donné en effet le nom au symbole : *Sagittaire.*

Par là nous sommes forcés, par la loi des symboles, à voir, dans le Sagittaire, un homme vivant dans les conditions de notre vie terrestre, mais investi par le *Ciel d'une Mission d'En Haut.*

Il ne reste plus qu'à établir la Mission de cet homme, qui n'est pas seulement un homme, mais un Homme à qui le ciel a mis en mains une flèche, et dès lors des flèches, et par la loi logique, un arc pour les lancer.

Si nous approfondissons le sens mystérieux de ce qui précède, nous apprenons que c'est une vérité, mais une vérité qui annonce la fin d'une chose; c'est avant tout à ce qui est de *l'ordre religieux,* que la flèche de son arc va être dirigée.

La clef de voûte de ce qui est essentiel aux peuples et aux nations, *c'est l'ordre religieux ;* mais il y a un lien entre une religion et les ministres qui la représentent ; dès lors, plus la religion est nécessaire aux peuples et aux nations, plus les prévarications des ministres, qui en sont la visibilité, sont dangereuses pour le *progrès social*.

Par cette loi d'une logique infrangible, la flèche du Sagittaire ou les menaces qu'il annonce, s'adressent à l'ordre religieux, et avant tout, à ses ministres : *depuis le chef suprême jusqu'aux derniers rangs de la hiérarchie, et cela doit s'entendre de tous les cultes, quels qu'ils soient*.

Mais l'ordre religieux est conjoint avec l'ordre politique, de même qu'avec l'ordre économique, car le TERNAIRE et L'UNITÉ, en chiffres, ont une opération indivisible.

Or, c'est là où la mission du Sagittaire est d'une délicatesse extrême ; il ne peut pas mettre en oubli que c'est être exposé à être frappé soi-même s'il s'écarte de la vérité.

Il ne peut donc parler en dehors de ce qu'il doit ; agir autrement serait une prévarication.

Signé : J. VIGÈRE, *géomètre*.

EST-CE L'ÉVANGILE ou L'ANARCHIE ?

JOURNAL « L'AGLY » DE RIVESALTES ET DES PYRÉNÉES-ORIENTALES DU 19 NOVEMBRE 1892.

Monsieur Pigouche, colonel d'artillerie en retraite, étant un homme de bonne foi *(ses écrits le prouvent)*, je me permets de faire une réponse à son article paru sur le journal *l'Agly* du 12 novembre 1892.

Laissons le haut clergé, Monsieur, les lecteurs savent ce que j'en pense par ce que j'ai écrit ; laissons encore plus, les curés des petits villages. Ils sont obligés, les uns et les autres, d'être fidèles à la discipline imposée par leur chef, *au cœur de pierre,* sur laquelle la véritable Église se fondera dans l'Unité, longtemps après le renoncement de Pierre au Calvaire ?

Ils sont eux, les desservants, ce qu'est le Peuple pour les politiciens, c'est-à-dire : des marches d'escalier pour monter au trop-plein de leur impuissance ?

Les premiers n'ont réussi qu'à fonder une morale bâtarde, une religion irreligieuse ; les seconds, conduisent les Peuples à l'Évangile ou à l'Anarchie par les premiers?

Certainement, Monsieur, qui dit morale dit aussi Religion, pour la seule raison que toute religion doit être morale ; mais lorsque l'immoralité est manifeste dans le sanctuaire et hors du sanctuaire, c'est-à-dire dans la vie privée de ceux qui y servent, on en conclut par la force de la Raison : que le Bien les a abandonnés, puisqu'ils font le mal, qu'ils ne sont pas pour le Christ puisqu'ils foulent aux pieds ses préceptes, *ils sont donc les soldats de l'Antechrist ?*

Ce sont des bergers devenus loups et conséquemment : les dispersateurs du troupeau qui est devenu, *par révolte,* irreligieux et athée.

Les temps sont proches, Monsieur, où cela finira et pour être plus défini je dis : *1893 ne se passera pas, sans que le troupeau dispersé soit ramené au bercail unique de la Charité.*

L'unité religieuse ou morale s'impose à la balance sociale, les esprits les plus clairvoyants sont de cet avis?

Pour cela faire, il faut une tête, une victime expiatoire, il faut que *Jean de l'Apocalypse* parle.

Quant le fera-t-il ?

Probablement à partir de la Noël 1892.

Quel sera son rôle et quelle sera sa mission ?

Son rôle sera celui d'agir et de parler : pour *la Liberté, l'Égalité* et *la Fraternité* pour l'Unité !

Sa mission sera celle de prêcher cette nouvelle *Genèse sociale,* la nouvelle évolution de la Révélation des ouvriers de la dernière heure !

Le Christ a donné son Évangile au Peuple, qui a cru en lui, et les prêtres et les politiciens, par un mariage coupable, ont presque détruit cette *Arche-Sainte* en poussant par égoïsme, les Peuples à l'Anarchie ?

Il est donc urgent, Monsieur, qu'un homme de cœur se dévoue pour monter au Calvaire du mépris public, pour faire évoluer l'anarchie par l'Évangile ou si vous préférez par la Charité.

Cet homme n'est point à chercher, il est trouvé : c'est « l'Homme du Cheval-Blanc », c'est « le Sagittaire », c'est « Jean et Pierre », c'est « Jean de l'Apocalypse », c'est le signataire de cet écrit.

Les temps sont venus, je vous le répète, où l'unité morale s'impose par la force des choses, pour rétablir l'unité politique et l'unité sociale.

Je ne suis pas seul de cet avis.

A la suite de l'article intitulé « Les Juifs » paru sur ce journal, le 17 septembre 1892, un généreux donateur adressa gratuitement au bureau de *l'Agly*, trois exemplaires d'un livre ayant pour titre : *Le Comte de Chambrun aux montagnes d'Auvergne. — Mes Conclusions sociologiques. « Justicia et caritas osculatœ sunt. »*

Vous pouvez, Monsieur, demander un exemplaire au bureau de *l'Agly*, on vous le prêtera, ou même on vous le donnera : vous constaterez par vous-même, le grand mouvement qui se produit dans les sphères élevées de la société, mouvement qui prouve, comme j'ai eu l'honneur de le dire plusieurs fois ici : *la venue du* Paraclet en Esprit *dans l'intelligence des Peuples,* pour arriver à rétablir la véritable organisation sociale aux pieds de la statue de la Charité.

Veuillez remarquer, Monsieur, que ce livre, quoique imprimé, ne sera livré à la publicité qu'en *1893* ; la preuve de ce que j'avance est ceci :

Paris

Calman Lévy, éditeur, 3, Rue Auber.

1893.

L'auteur de ce livre est un homme remarquable à qui j'adresse mes chaleureuses félicitations.

Vous voyez donc, Monsieur, que la politique *(cette bête affreuse de l'Apocalypse, aux sept têtes et aux dix cornes, le grand dragon, le serpent ancien, appelé le diable et Satan, qui séduit tout le monde est précipité sur la Terre)* est lasse du système social actuel, un orage formidable gronde sur les Nations car la révolte de la Nature le prouve?

Cependant, un symbole consolateur se présente aux hommes.

C'est la statue de la CHARITÉ donnant à téter à l'Humanité, par les hommes de cœur, et offrant de la main gauche L'EVANGILE aux Catholiques et aux Protestants et de la main droite, tenant le JUIF avec un rameau d'olivier!

C'est le symbole de la Liberté éclairant le Monde et la Charité le nourrissant.

Signé : J.-P. VICÈRE, géomètre.

P.-S. — Dédié au 21 novembre 1891 (1), jour de la présentation de la Vierge au Temple et du passage du signe du « *Scorpion* » dans celui du « *Sagittaire* », à 7 h. 33 du soir, temps moyen de Paris.

« J.-P. V. »

JOURNAL « L'AGLY » DU 3 DÉCEMBRE 1892.

Mon cher Vicère,

J'ai lu tous vos articles nous prédisant une *ère nouvelle* à partir du 24 juin 1892 d'abord, ensuite à partir du 25 décembre de la même année. Pourquoi ces variations dans l'époque fixée pour la régénation du genre humain ?

Tout prophète qui ne voit pas ses prédictions se réaliser peut ne pas compter sur une foi profonde, parmi ceux qui l'ont suivi dans ses prédications.

(1) Jour de l'interpellation Delahaye, député, sur le Panama.

Ma foi robuste, en vous, commence à s'attiédir.

Elle sera complètement morte si, le 25 décembre 1892, au matin, quant les bergers salueront l'étoile annonçant la venue du Christ, les fanfares de Jéricho, frappant les échos des rocs de *Notre-Dame-de-Pène*, ne m'annoncent pas la chevauchée fantastique du cheval de l'Apocalypse.

Que n'ai-je KADOUR, à la noire crinière, pour suivre le « CHEVAL-BLANC ! »

AU MAITRE DE KADOUR.

JOURNAL « L'AGLY » DE RIVESALTES ET DES PYRÉNÉES-ORIENTALES DU 10 DÉCEMBRE 1892.

Sur le numéro de *l'Agly* du 3 décembre 1892, vous me faites par erreur, un reproche public.

Je n'ai jamais dit ou écrit ce que vous rapportez sur votre article à mon adresse ; veuillez, Monsieur, relire tous les numéros de *l'Agly* sur lesquels j'ai écrit et vous serez forcé de reconnaître l'erreur?

Mes trois *Divulgations Apocalyptiques*, écrites en juin 1889 sur la plage d'Argelès-sur-Mer (Pyrénées-Orientales), à l'heure de tierce, ont bien saisi *l'Avenir du Peuple*, sous le sceau du *symbole et du ternaire*.

Cet âge remarquable, unique dans son genre et dans les annales de la planète, je l'ai baptisé du nom de « *l'Age du Cheval-Blanc* », c'est-à-dire : du combat libre par l'Évangile. Ce sont les trois ans et demi dont parle l'Apocalypse au chapitre XI, versets 1, 2, 3. C'est l'accomplissement de la prophétie de *Daniel*. (Chapitre XII, versets 11 et 12).

C'est l'époque de la transition entre le *cinquième et le sixième jour* de la création du monde ; le monde ne peut donc périr, puisqu'il n'est pas encore formé.

C'est la création de *l'Homme* ou de l'Humanité spirituelle et sociale.

C'est encore, l'époque transitoire entre *le cinquième et le sixième* âge de la Chrétienté ; le cinquième va donc prendre fin, pour ouvrir à la Noël 1892, le sixième ou *l'Ère Nouvelle !*

Ma formule n'a jamais varié ni de texte, ni de sens, ni de dates ; elle a été toujours conçue comme ci-dessous : « *l'Age du Cheval-Blanc,* — c'est-à-dire du combat par l'Évangile, — *est ouvert depuis le 24 juin 1889 et ses effets se feront sentir jusqu'à la Noël 1892.* »

Cherchez, Monsieur, et prouvez ma contradiction si vous le pouvez ?

Comme *prophète,* je ne me suis pas trompé dans mes prédictions, elles se réalisent à la lettre ; quant même elles ne se seraient pas réalisées, ma foi ne serait pas diminuée, par la seule raison : *que je ne suis qu'un homme, qu'un compagnon de service et que je suis bien peu, comparé à la Divinité ?*

Puisque vous m'avez suivi dans mes prédictions, vous reconnaitrez tout le contraire de ce que vous dites par leur réalisation complète, dans l'ordre : RELIGIEUX, POLITIQUE et ECONOMIQUE.

Quant à votre foi, elle n'a jamais été robuste, vous avez toujours eu les tendances du matérialisme, quoique doué d'un brillant esprit ; c'est pour ce motif que je vous annonce : que vous serez un des premiers convertis au nouveau spiritualisme à la *Nouvelle Révélation.*

Le Christ ne reviendra pas en personne, il n'est pas un aérolite, mais bien : *en Esprit, dans l'intelligence des Peuples.*

La devise nationale : « *Liberté, Égalité, Fraternité* », est de l'ère ancienne, elle va faire place à celle : « TRAVAIL, JUSTICE et CHARITÉ ! » qui est celle de l'Ère Nouvelle.

Avant de terminer ma réponse, j'ai, Monsieur, une simple question à vous poser. Comment se fait-il, que le jour de la dédicace de mon article, intitulé : « *Est-ce l'Évangile ou l'Anarchie* », écrit le 14 novembre et paru le 19 du même mois, pour la date du 21, la cheville majeure de la charpente sociale du vieux monde français se soit brisée ; tout craque et se démolit, le Panama en est la preuve ?

Expliquez-moi, pourquoi cette précision de prévision et de dates de celui de qui vous dites : *n'être pas prophète ?*

Signé : « J. Vigère, géomètre.

DERNIÈRE HEURE

JOURNAL « L'AGLY » DE RIVESALTES ET DES PYRÉNÉES-ORIENTALES DU 24 DÉCEMBRE 1892.

Tombouctou, le 25 décembre, — jour de la Noël.

Le Pape Léon XIII vient de faire son entrée solennelle dans sa nouvelle ville de Tombouctou. Acclamations frénétiques du Peuple. Il a été reçu et harangué par le prophète *Jean de l'Apocalypse*, monté sur son *Cheval-Blanc*.

LE POUVOIR TEMPOREL

ET LA TRIPLE-ALLIANCE

Le 25 décembre 1892.

Monsieur le Directeur du journal *l'Agly*, à Rivesaltes (Pyrénées-Orientales).

Veuillez insérer ce qui suit, sur le numéro de samedi prochain, 31 décembre.

Je réponds à la note me concernant, du 24 décembre, ayant pour titre : « **Dernière Heure** ,

La chute morale de Rome, en tant que ville du Pontificat suprême de la catholicité, est le résultat de l'article IV du traité de la Triple-Alliance, qui dit paragraphe A.

« Nous, Guillaume II, Empereur des Allemands et roi « de Prusse, et Nous, François-Joseph, Empereur d'Autri- « che, donnons l'appui et notre concours à notre cher « cousin et allié, Sa Majesté Humbert Ier, roi d'Italie, et « à son Gouvernement, dans sa politique extérieure et « coloniale, **et reconnaissons définitivement « les droits et la situation de la ville de « Rome, comme capitale de l'Etat d'Italie ».**

Il est à remarquer, que sur tout le contenu du traité, les Souverains ne font aucune remarque particulière, sur les capitales de Vienne et de Berlin.

C'est donc bien le Pouvoir temporel du Pape, qui a été visé par la Triple-Alliance, en reconnaissant définitivement au Roi d'Italie, des droits absolus sur la ville de Rome.

Le Pouvoir temporel du Pape assurait en Europe son Pouvoir spirituel, mais du moment que cette force lui est enlevée, par une alliance aussi formidable, le départ du Pape de Rome n'est *qu'une éventualité*, puisqu'il se trouve à la merci des traitants.

Le Pape Léon XIII a voulu faire de la politique à ciel ouvert, et cette affreuse bête de l'Apocalypse l'a vaincu, comme elle est en train, actuellement, de dévorer les *Gouvernants* de tous les Peuples.

Le Pouvoir temporel a fini son rôle civilisateur en Europe, il doit se retirer.

Malgré les protestations de votre **« Dernière Heure »** je ne vois d'autre chemin, je le répète pour le Pape, que la route de **Tombouctou!**

Comme *prophète*, j'ai fidèlement accompli ma *Mission*, j'ai écrit quand il le fallait.

Les scandales épouvantables du *culte de l'argent*, forcent les hommes de cœur à prendre des mesures psycologiques ; **le Veau d'Or** aux pieds d'argile est encore debout : *c'est la fin d'un cycle, c'est une Ère Nouvelle qui commence !!!*

Signé : « JEAN DE L'APOCALYPSE ».

D'après ce qui précède, au sujet du Pouvoir temporel et la Triple-Alliance, je crois rendre hommage à la Vérité de prévision en disant :

Le traité de la Triple-Alliance explique pourquoi, le Pape Léon XIII a fait adhésion à la République Française.

Pourquoi il flatte même la République, en disant : *que la forme du Gouvernement lui est indifférente.*

Le Pape Léon XIII n'a qu'un but, *non avoué*, c'est de faire pencher la République de son côté : *pour qu'elle le recueille en France, afin de lancer notre Patrie contre la Triple-Alliance, et lui rendre son Pouvoir perdu.*

Il y a donc tout lieu de croire que *Pierre* désire la guerre Européenne pour qu'on se serve de l'Épée, pour couper quelques oreilles comme au Jardin des oliviers et conserver son Pouvoir; mais le Christ-Esprit-Humanité, se révolte et répète : « *Qui frappe par l'épée meurt de l'Épée!* » C'est ce qu'à fait la Triple-Alliance pour Pierre.

Symbole sublime qui a tué *le Renonciateur au cœur de pierre* du Calvaire, par la flèche de l'arc de *l'Homme du Cheval-Blanc*, personnifiant le disciple *Jean*, pour l'amour de ses frères du genre Humain !

O, Guerre ! fléau infernal, quitte l'Europe et les Peuples civilisés !

O, potentats de la Terre, courbez votre orgueil par la Charité, devant la *Majesté puissante de la Résurrection humanitaire, du grand Crucifié !*

Que ma plume soit portée par les *quatre vents du Ciel*, et que *l'Esprit* la montre !

« JEAN DE L'APOCALYPSE ».

LETTRE

A Mgr GAUSSAIL ÉVÊQUE DE PERPIGNAN

La lettre ci-dessous a été envoyée par poste à l'adresse suivante; elle est restée sans réponse :

La Toussaint, 1er novembre 1892.

Monseigneur Gaussail, évêque à Perpignan (Pyrénées-Orientales).

Monseigneur,

En cette année de concordances extraordinaires de dates, en ce jour remarquable pour l'Église, en ce mois du signe actif « *Le Sagittaire* » pour l'Avenir de l'Humanité, « *Jean et Pierre* » unis dans l'Unité, ont l'honneur de parler, en la personne de « *Jean de l'Apocalypse* », pour annoncer au Chef spirituel du diocèse de Perpignan, que le cinquième âge de l'Église finira à la Noël 1892, et qu'en ce jour mémorable s'ouvrira le sixième, c'est-à-dire : *celui de la Publication ou de la Prédication de la Révélation Evangélique*, ou encore, *celle de la venue du Paraclet en Esprit dans l'intelligence des Peuples, par l'Évangile.*

Ces événements et la mission de Jean de l'Apocalypse, sont basés sur la raison des choses, du temps et l'indépendance spirituelle ou la liberté absolue dans le libre-arbitre ; ce sont les « *Trois ans et demi de l'Apocalypse* » qui vont prendre fin, et la confirmation de la prédiction : « *L'Age du Cheval-Blanc est ouvert depuis le 24 juin 1889, et ses effets se feront sentir jusqu'à la Noël 1892.* »

Jean de l'Apocalypse, qui n'est autre que le signataire, a reçu le 24 juin 1889, sur la plage d'Argelès-sur-Mer (Pyrénées-Orientales) la mission de prêcher l'Évangile, lorsque l'époque de la transition entre le 5 et 6e âges, ou celle de l'incubation spirituelle, serait finie ; c'est-à-dire : lorsque la réflexion de *trois ans et demi* n'aurait pu le décourager de sa mission.

Apôtre de la Voie Divine, il est choisi pour la *Parole,* afin de rendre à l'Église spirituelle du Christ ce qui lui appartient et à l'État ce qui lui est dû.

Il n'y aura point de miracles en tout cela, car les miracles sont des phénomènes (1) naturels et extraordinaires que la science des savants ne peut saisir à fond pour en déterminer la cause ; la science suit la loi du progrès par le temps, mais comme elle est Divine, elle est infinie : elle ne peut donc se manifester progressivement, qu'en son temps et en son heure.

Je souhaite donc, Monseigneur, avant de rendre hommage à la *Parole,* conférer avec vous et le Chef suprême de la Catholicité par votre intermédiaire.

Si le Pouvoir spirituel me rejette, ou ne veut absolument me reconnaître, il est libre ; si le Gouvernement me repousse, il est libre aussi ; mais dans l'un et l'autre cas, celui qui m'aura empêché de parler reconnaîtra, par la force des choses, qu'il existe une *Puissance-fluidique* et *Universelle* qui est *Dieu,* placée au-dessus des Pouvoirs établis, qui régit et ordonne tout et change les décisions des *Puissants* de la Terre, en mouvementant les hommes et les Esprits, par *l'évolution, la révolution ou l'anarchie.*

La Révélation seule de l'Évangile peut résoudre le problème social, et empêcher de se produire le cataclysme qui menace l'Humanité des deux hémisphères.

J'ai 32 ans révolus depuis le 24 septembre 1892, je suis pauvre et vis de mon travail quotidien ; les mesures sont mes outils, mais je les laisserai volontiers pour accomplir ma mission ; ma *canne à mesurer* se transformera en celle de *l'ange de l'Apocalypse.* — (Chapitre XI, verset 1.)

(1) Lettre écrite lors de l'apparition supposée de la Vierge à Salses. Encore un autre coup de corne en l'air ?

J'ose espérer, Monseigneur, qu'après mûres réflexions, vous voudrez bien examiner à fond ma communication et que vous daignerez y donner suite, auprès du Chef suprême de la catholicité, dans la mesure du possible.

En attendant cette décision avant le 24 décembre ou la Noël 1892,

Je suis avec respect, Monseigneur, l'humble révélateur.

JEAN DE L'APOCALYPSE

ou Jean-Pierre VICÈRE, géomètre,
à Cases-de-Pène (Pyrénées-Orientales).

EXPLICATION

DU SILENCE DE MONSEIGNEUR GAUSSAIL PAR LE PROPHÈTE JÉRÉMIE

Le silence de Monseigneur Gaussail, évêque à Perpignan, s'explique fort bien par le prophète *Jérémie*, chapitre VIII, versets 7, 8, 9.

Ecoutez-le :

« Le milan connaît dans le ciel quand son temps est venu : la tourterelle, l'hirondelle et la cigogne savent discerner la saison de leur passage : mais mon peuple n'a point connu *le temps* du jugement du Seigneur. »

« Comment, dites-vous : Nous sommes sages, et nous sommes les dépositaires de la loi du Seigneur ? La plume des docteurs de la loi est vraiment une plume d'erreur, et elle n'a écrit que le mensonge. »

« Les sages sont confus, ils sont épouvantés, ils ne peuvent échapper, parce *qu'ils ont rejeté* **la parole** *du Seigneur*, et qu'ils n'ont plus aucune sagesse. »

LES PROPHÉTIES ET LES ORACLES

Extrait de l'ouvrage : **La Fin de l'Ancien Monde**
par l'abbé ROCA.

(Dors en paix Fils de la Lumière, Galilée eut ta récompense? Quant même le monde entier t'oublierait, je penserai et prierai pour toi).

Sommaire : I. Prophéties canoniques — II. Comment elles se sont accomplies.—III Prophéties extra-canoniques. — IV. Oracles évangéliques. — V. Comment ces oracles se réalisent de nos jours.

I

Il y aura de nouveaux Cieux et une nouvelle Terre. (Isaïe).

Les vieux Cieux passeront, la vieille Terre passera ; mais ma parole ne passera pas. — (Marc.)

Vision du crépuscule et vision de l'aurore : Sentinelle, qu'y a-t-il depuis le soir? Qu'y a-t-il depuis le matin ? — (Isaïe.)

La grande journée de l'Éternel commence, journées de ténèbres et de brouillards, de mépris et de confusion. — (Sophonie.)

La Fin vient! La Fin vient!! La Fin vient!!! La voici sur les quatre coins du globe. — (Ézéchiel.)

Laissez passer la tempête de Jéhova ,et la fureur de son ouragan. — (Jérémie.)

J'ébranlerai les montagnes et les mers ; je briserai le Ciel et la Terre, je soulèverai toutes les nations. — (Aggée II.)

L'armée des cieux se fondra ; le pavillon céleste sera roulé comme une tente qu'on replie, comme un volume qui se referme et les étoiles tomberont du firmament comme les feuilles du figuier en automne. — (Isaïe.)

J'anéantirai tous les Gouvernements de la terre : ma justice soufflera sur eux, et ils sécheront d'épouvante et le tourbillon de ma colère les emportera comme des brins d'herbe. — (Isaïe.)

Je foulerai les montagnes sous mes pieds jusqu'à les réduire en poudre ; j'aplatirai les côteaux comme une jonchée de paille broyée. — (Isaïe.)

La Terre chancellera comme un homme ivre ; elle sera réenlevée comme une loge de vigneron, et changée de place comme une tente qu'on transporte. — (Isaïe.)

Élevez vos yeux vers le Ciel abaissez-les sur la Terre : de tout cela, que vous restera-t-il ? Rien ! Les Cieux s'évanouiront comme la fumée ; la Terre sera rejetée comme un vêtement usé. — (Isaïe.)

Je ferai entièrement périr toutes choses de dessus ce globe. — (Sophonie.)

Fils de l'homme, va dire aux princes : Jéhova rompra vos sceptres ; il cassera dans vos mains vos bâtons de commendement et vos verges de domination. — (Isaïe.)

Sous le coup des iniquités qui ne cessent de les harceler, les peuples s'embraseront comme des fours ; ils dévoreront leurs gouverneurs ; ils consumeront leurs rois et leurs prêtres. Ils briseront leurs sépultures et ils jetteront hors des tombeaux les ossements des princes et des sacrificateurs, et ces os seront répandus comme du fumier dans les champs. — (Osée et Jérémie.)

A force d'être préssurées, les nations poussent des hurlements de rage et de désespoir ; à cause de ces crimes, mon nom est partout blasphémé chaque jour, continuellement. — (Isaïe.)

Ils mangent la chair de mon peuple, ils tondent mon peuple ; ils arrachent la toison à mon peuple. — (Michée.)

Mais ce dégât finira : ceux qui oppriment cesseront d'opprimer ; ceux qui tondent cesseront de tondre. — (Isaïe.)

Je réduirai les princes à rien. — (Isaïe.)

O mon peuple ! je briserai le joug qu'ils font peser sur

tes épaules; je romprai les lanières avec lesquelles ils te garrottent. — (Jérémie.)

L'homme formidable ne sera plus. Le trône **des Déloyaux** sera jeté par terre. — (Daniel.)

Je mettrai tout à la renverse, à la renverse, à la renverse ! -- (Ezéchiel.)

Ceux qui te dévorent seront dévorés ; ceux qui te dépouillent seront dépouillés, et je livrerai au pillage ceux qui te pillent. — (Jérémie.)

Ils périront parce qu'ils ont violé l'alliance éternelle qu'ils avaient faite, dans la justice, avec les peuples. — (Amos.)

Ils n'aiment qu'une chose : **le donnez-nous.** — (Osée et Isaïe.)

Dépouillés de leurs vêtements de joie, ils s'habilleront de frayeur, avec des tuniques d'épouvante et des casaques de tremblement. — (Ezéchiel.)

Ils ont semé des vents, ils ne moissonneront que des tempêtes. — (Osée.)

Que n'ont-ils semé la justice! ils auraient récolté la paix. — (Isaïe.)

Et ce n'est pas seulement dans les cours des rois aux oreilles des princes, que retentissent ces oracles. L'œil des prophètes a fouillé partout jusqu'au fond des sanctuaires, et leur voix porte le frisson dans toutes les synagogues.

Fils de l'homme, perce la paroi de mon Temple. Vois ce qu'ils font là, dans les ténèbres, chacun dans son cabinet peinturlé d'images. — Et je vis des choses abominables : des figures de reptiles et de bêtes immondes. Ils étaient soixante-dix d'entre les Anciens, se tenant debout autour de *Zaauzanja, fils de Sçaphan*, à qui ils donnaient de l'encensoir au visage. — (Ezéchiel.)

O Aholiba! voici ce que dit l'Éternel : Je vais exciter contre toi ceux avec lesquels tu t'es prostituée, les gouverneurs et les magistrats, les grands Seigneurs, les princes et les rois. Ils te dépouilleront de tes vêtements;

ils enlèveront les ornements dont tu te pares. Ils te laisseront exposée aux regards de tout le monde. Les puissants sont venus vers toi comme vers une femme perdue, et c'est dans le lieu saint, au milieu de mon encens et de mes parfums, au chant sacré des hymnes, que ces abominations ont été commises; qu'on la juge, comme on juge les adultères, et qu'on l'assomme à coups de pierres. — (Ezéchiel.)

Au lieu de la vision vous aurez les ténèbres sur l'autel, et la nuit au lieu du jour. Le soleil se couchera sur vós têtes, et la clarté deviendra, pour vous, noire comme de la poix. — (Michée.)

Malheur aux pasteurs qui se sont repus eux-mêmes, au lieu de repaître leurs ouailles. (Ezéchiel. — Voir le commentaire de Chrisostome appliquant ce texte aux prêtres de son temps.)

Qu'on ôte cette tiare! Elle ne sera plus. Déposez cette couronne. J'abaisserai ce qui est en haut; j'élèverai ce qui est en bas. (Ezéchiel.)

Vous vous abusez, prêtres, avec vos invocations de mensonges : Temple de Jéhova! dites-vous; Temple de Jéhovà! Temple de Jéhova! Et qu'en avez-vous fait? — Une caverne de voleurs! Oui, c'est moi, Jéhova, qui vous le dis en face. Allez voir à Seilo ce que j'ai fait de votre ancien temple. — (Jérémie.)

Je traiterai comme souillés les princes des lieux saints. — (Isaïe.)

Bêtes des champs et bêtes des forêts; vous pouvez envahir mon sanctuaire. Les sentinelles en sont aveugles; ils ne savent rien : ce sont des chiens muets. — (Isaïe.)

Ils ont les yeux platrés, de sorte qu'ils ne voient plus; ils ont le cœur muré, de sorte qu'ils ne comprennent plus. — (Isaïe.)

Vous devriez être des maîtres consommés depuis que vous êtes à l'étude, et voilà qu'il faut vous remettre aux premiers éléments des sciences divines, semblables à des enfants qui ne supportent pas d'aliments solides et qui ont encore besoin du lait de leur nourrice. — (Epitre aux Ebreux.)

Le royaume de Dieu vous sera ôté, pour être donné à une nation qui lui fera porter des fruits de Justice et votre maison deviendra déserte. — (Mathieu et Luc.)

Ils ont dit : Nous sommes les sages ; la loi de l'Éternel est avec nous. — Mensonge, mensonge ! La plume des scribes est une plume de fausseté. **Ils ont rejeté la Parole ;** comment la sagesse serait-elle avec eux ! — (Jérémie.)

Ils ont beau faire appel de secours à tous les rois de la terre, et sonner aux quatre vents, de la trompette d'alarme, il n'y aura personne qui se mette en campagne pour eux. — (Ezéchiel.)

Mais voici qui est encore plus effrayant : Elle est tombée la grande Babylone, et les images taillées de ses dieux se sont brisées par terre. — (Isaïe.)

Mystère ! Babylone la grande ! Mère de fornication et d'impuretées ! — (Apocalypse.)

Je vous dirai l'abominable sacrement de la *Femme* et de la Bête (la politique), qui la porte assise sur les sept collines. *Cette Femme* (Rome) est la grande cité qui étendit sa domination sur tous les rois de la Terre. Epouse adultère, elle s'est abandonnée aux puissants de ce monde et aux marchands spéculateurs des intérêts des nations. Elle a soûlé les peuples du vin falsifié de ses doctrines, et on l'a vue s'enivrer du sang des martyrs de Jésus. — (Apocalypse et Ezéchiel.)

Séparez-vous d'elle, mes enfants. J'ai répudié *cette femme !* elle n'est plus mon épouse, qu'elle vous montre sa lettre de divorce. — (Osée.)

« Toute Eglise devient Babylone, dit un saint, quand
« la charité disparait de son cœur, pour y faire place à
« l'amour du pouvoir, et quand les pasteurs se paissent
« eux-mêmes au lieu de paître leurs troupeaux. Cet
« amour de soi se porte à de tels excès, dès que la bride

« lui est lâchée, qu'il s'attaque à Dieu lui-même, jusqu'à « prendre sa place sur l'autel. »

Peut-on s'étonner après cela d'entendre saint Pierre s'écrier :

« Le jugement commencera par la maison même de Dieu. »

Cette menace n'est que l'écho de celle d'Ezéchiel : « **Ouvriers de la destruct'on, à l'œuvre tous et commencez par le sanctuaire!** » — (Ezéchiel.)

II

Je m'arrête pour respirer.

Aussi bien, comment redire tout? C'est par milliers qu'éclatent dans nos *Saints Livres*, ces foudroyants anathèmes. Il en est même d'inexprimables.

La langue des prophètes est une langue à part, forgée pour eux, dirait-on, sur les enclumes des cyclopes, avec du picrate et des éclairs. Aux purs tout est pur; aux saints les grandes audaces et les mots crus, au besoin. La justice indignée de ces consciences indomptables pousse des cris qui déchireraient les oreilles des albinos de la foi.

Porte-parole de l'humanité souffrante, ils hurlent les tourments de tous les siècles martyrs. Qu'on imagine les douleurs, les larmes, les sanglots et le désespoir de plusieurs générations, ramassés, accumulés dans une poitrine d'homme, et se frayant un passage de vive force, comme les cataractes du Niagara, ou comme la lave des volcans, pour se répandre à travers le monde : — tel est leur verbe formidable!

Aussi quels éclats de tonnerre! Cela raisonne comme les clairons du dernier jour, avec un souffle à **la Rouget de l'Isle**. On dirait la générale d'une révolution, ou **la Sainte Marseillaise de la Délivrance universelle,** annonçant aux peuples leur salut national, le réveil des forces sociales et la résurrection de la chair des esclaves.

Le symbolisme de ce langage est d'un grandiose et d'une vérité qui saisissent. Qui peut s'y tromper?

Ces côteaux des siècles qui se brisent, ces montagnes de l'ancien Monde qui s'éboulent avec fracas, désignent, sous des images qui les voilent à peine, les vieilles grandeurs dynastiques, ces colosses monstrueux de la puissance souveraine et de l'autocratie absolue, ces monopoles écrasants de la fortune, dont la ruine se consomme de nos jours, partout où a passé l'Esprit du Rédempteur dans un vent d'Évangile.

Cette Babylone, où les accouplements adultères du temporel et du spirituel, de la politique et de la Religion, ont enfanté *l'abomination de la désolation*, faut-il dire quel nom elle porte de nos jours ?

Ces princes réduits à rien, et à qui le Tirtée des temps modernes, Béranger, recommande de faire l'aumône ; et ces autres princes, ceux des lieux saints, qui fatiguent de leurs revendications toutes les chancelleries du monde en faisant signe aux États de leur venir en aide, sans qu'aucun pouvoir tire l'épée en leur faveur, est-il besoin de les désigner plus clairement ?

Ces peuples embrasés comme des fours, qui dévorent leurs gouverneurs, leurs prêtres et leurs rois, qui brisent leurs tombeaux pour en jeter les cendres aux vents, ne les connaissez-vous pas ?

Ces vieux cieux qui s'effondrent, ce vieux soleil devenu noir comme un sac de charbon, ces vieilles étoiles qui tombent du firmament, ne les voyez-vous pas dans les dogmes autoritaires, dans les principes erronés, dans les idées arbitraires, dans les préjugés intéressés, dans toutes les fausses lumières qui brillaient au ciel de César, et que la science va balayant de nos horizons intellectuels ?

Écoutez Saint Paul :

« Celui dont la voix a si souvent remué la terre a fait

« maintenant cette promesse : encore une fois j'ébran-
« lerai non-seulement la terre, mais encore le ciel. Or,
« ces mots : *encore une fois*, marquent l'abolition des
« choses temporelles et muables, afin que celles qui sont
« éternelles et immuables subsistent seules.... Notre
« Dieu est un feu qui consume. — (Épitre aux Hébreux.)

III

Eh prenez bien garde à ceci : ces mêmes prophéties, revêtues du même symbolisme, et répétées presque mot par mot, sortirent à la fois de tous les sanctuaires universitaires de l'ancien monde. Elles vinrent de partout se mêler et souvent se confondre avec celles des voyants orthodoxes d'Israël et de Juda.

L'accord fut général. « Qu'on n'oublié pas, dit le
« savant auteur des *Missions*, que toutes les prophéties
« du monde ont annoncé, en chœur, à tous les peuples,
« leur résurrection nationale et leur salut social. » —
(Saint-Yves, Mission des Juifs, pages 100-101.)

Ce fait s'impose à l'attention de tous, et particulièrement du Pape et des Évêques.

Qu'ils prêtent l'oreille à ce concert universel : « Il doit
« venir un temps, marqué par les destins, dit Théopompe,
« où Ahriman sera détruit. Alors on ne verra plus
« d'inégalités ni d'injustices sur la terre. Celle-ci devien-
« dra le séjour d'hommes heureux, vivant comme des
« frères sous le même toit, revêtus de corps purifiés,
« exempts de maladies. A l'ombre des tabernacles de la
« paix, ils jouiront d'un bonheur inaltérable, nourris
« des fruits de la Justice et de la Vérité, sous le sceptre
« béni d'Ormuzd, ou du Dieu de la lumière. »

Les anciens Toscans enseignaient que l'Univers sera dissous, pour prendre une nouvelle forme ; des signes annonceront ce prodige dans le ciel : les trompettes des anges retentiront de toutes parts, et les vieilles étoiles se détacheront du firmament, pour faire place à d'autres foyers de lumière.

C'est, comme on le voit, le même parabolisme que chez les prophètes, que dans l'Évangile et dans l'Apocalypse, dont presque toutes les images se retrouvent dans la théologie persane.

Les livres sacrés des Perses primitifs, ceux de l'Iran, du Touran, de l'Inde, de la Chine et du Japon, présagent les mêmes événements et les peignent sous les mêmes allégories.

Dans Nonus, le Dieu vainqueur que chante cé poète, dans ses immortelles Dyonisiaques, foudroie sur la terre Typhon ou Typée, artisans du mal moral et du mal physique, qui dévastent ce globe. Il rétablit parmi les hommes, après sa victoire, le règne de la justice, de l'amour et de l'harmonie sociale.

L'Edda parle, comme Isaïe, d'un Ciel nouveau et d'une nouvelle Terre : « La nouvelle Terre, dit-elle, sera plus « belle que la première ; elle sera plus agréable, couverte « de verdure et de moissons qui croîtront d'elles-mêmes, « sans être fécondées par les sueurs de l'homme, — « (tellement la science aura substitué partout l'action « puissante des machines et des forces de la nature, à la « corvée des esclaves et des mercenaires). — Les injus- « tices, les maux, les douleurs seront bannis de ce « monde, ajoute la prêtresse. »

La Voluspa, prophétesse des Scandinaves, nous montre le grand Dragon, — *c'est encore le Dragon de l'Apocalypse,* — attaqué et tué par le Fils d'Odin, ou le Dieu Thor. « Le vieux Soleil s'éteindra, dit-elle ; la vieille terre se dissoudra ! Mais je vois briller un nouveau Soleil ; je vois sortir une nouvelle Terre, je vois ondoyer des moissons mûres que la main de l'homme n'a point semées. Le mal s'enfuit, le mal disparaît. »

Dans les livres sacrés de tous les peuples, se retrouve ce même dogme philosophique d'un monde détruit et remplacé par un meilleur ordre de choses, *social, religieux, économique.*

Cette croyance fait le fond de la IVe Eglogue de Virgile, que Constantin fit lire en plein concile de Nycée, à cause de ses concordances avec la langue des prophètes.

« J'appelle de mes vœux, fait dire Babrius à l'un de « ses héros, le jour où la faiblesse sera plus forte que la « force, et où la vertu terrassera le vice. »

On voit reparaître ces mêmes idées dans les belles fictions où tous les peuples orientaux célébrèrent l'âge d'or et son retour. Elles brillent également dans le IIIe livre des Questions naturelles de Sénèque. Elles sont partout.

Cette attente, générale dans l'ancien monde et partout manifeste, a frappé *M. Renan* comme les autres érudits ; mais, pour lui, elle était née de rêves, de ces rêves de palingénésie universelle, dont se berça l'imagination de tous les peuples. « Ces rêves, dit-il, formaient comme un cycle de littérature, que l'on couvrait du nom de Sybiles. » — (Renan : *Vie de Jésus.)*

Cette explication n'explique rien du tout.

Quand de pareilles idées ont fait travailler les plus fortes têtes ; quand elles ont inspiré le fond des poèmes les plus sublimes, du Ramayana, des Pouranas, des Dyonisiaques, des Héraclides primitifs, de la Théséïde, des Argonautides, etc. ; quand elles ont préoccupé des philosophes comme Socrate, Platon, Aristote, Cicéron et Sénèque ; quand elles ont rempli dès œuvres comme celles que cite Dupuis et qu'énumère en détail le docteur Sepp dans la revue générale qu'il passe de toutes les traditions du monde, on est mal venu à dire : « C'étaient « des rêves ordinaires, un mélange confus de claires-« vues et de songes. » — (Renan : *Vie de Jésus.)*

Claires-vues, tant qu'on voudra ; songes et rêves, nullement ! C'étaient les annonces certaines des réalités historiques de notre époque.

Je dirai, dans le chapitre suivant, d'où sortaient ces

flamboyantes visions, dont le foyer se place bien plus haut que ne l'ont soupçonné les critiques les plus hardis.

IV

Mais je n'ai presque rien dit encore des prophéties de Jésus-Christ. Je ne puis pourtant pas les passer sous silence.

Si donc, fermant les livres de l'ère antique nous ouvrons les écrits canoniques de l'ère nouvelle ; si nous sortons de l'Ancien Testament, pour entrer dans le Nouveau, qu'entendons, dans l'Évangile, dans les Épitres et dans l'Apocalypse ?

Ici le langage est plus précis, bien qu'il s'enveloppe toujours des mêmes allégories. — Il fallait ce parabolisme, alors encore, et pour bien des raisons dont la plus grave était qu'il ne convenait pas d'allumer trop vite le courroux de César, ni d'ouvrir dès la première heure, l'ère sanglante des persécutions.

On sent que « la Fin de toutes choses approche », comme dit saint Pierre, et que « la dernière heure va sonner, pour l'ancien monde », comme l'affirme saint Jean. — Il est vrai, ajoute le premier, que « mille ans sont comme un jour, devant l'Éternel » et même pour l'humanité collective qui a, elle aussi, l'éternité devant elle.

« Malheur à ce monde, à cause de ses scandales » — (Évangile Saint Mathieu), car « il se trouve constitué tout entier dans le crime et sur l'iniquité » — (Évangile Saint Jean.

Il y a un *intrus*, ici-bas. L'Irshou, l'Homicide, l'Homme ennemi. — (Évangile Saint Jean.)

Il a couvert cette terre d'institutions à lui, anti-sociales, anti-divines et anti-humaines, empiriques et despotiques. Or, « toute plantation qui ne vient pas du Père de la vie, et dont les racines ne plongent pas dans la justice et dans la vérité absolues, sera détruite, arrachée jusqu'aux radicules ». — (Saint Mathieu.)

Tout arbre qui ne porte pas de bons fruits, sera coupé, jeté au feu. — (Saint Mathieu.)

Il n'y a pas de place pour deux maîtres sur ce globe, pour le Christ et pour César, pour l'Esprit de liberté et pour l'Esprit de domination, pour la vérité et pour l'erreur, pour le bien et pour le mal. — (Saint Luc.)

De ces deux Maîtres, l'un chassera l'autre : César sautera ! Le prince de ce monde sera détrôné, culbuté, expulsé. — (Saint Jean.)

Serpents race de vipères, *scribes hypocrites, pharisiens corrompus*, sépulcres blanchis, comment échapperiez-vous au jugement qui va se faire ? — (St. Mathieu.)

Les forts seront renversés, les faibles monteront au pouvoir ; les premiers seront les derniers, les derniers seront les premiers (Saint Marc) ; les petits et les humbles posséderont la terre (Saint Mathieu), à condition toutefois qu'ils restent doux, qu'ils ne rendent pas œil pour œil et dent pour dent, quand leur heure qui sera la mienne, aura sonné. — (Saint Mathieu.)

Il faut que leur soleil, à l'exemple de celui du Père céleste, se lève aussi bien sur les mauvais que sur les bons. — (Saint Mathieu.)

A moi seul la justice et le jugement. Quand mon temps sera venu quand mes idées de miséricorde, de pardon, de paix et de fraternité, auront pris dans vos cœurs, dans vos lois et dans vos tribunaux, la place de vos principes erronés, de vos idées sectaires, inquisitoriales et vindicatives, alors justice sera faite de vos prétendues justices, et l'on saura ce que valaient vos droits-canons et vos jurisprudences. — (Saint Marc et Saint Jean.)

(Voilà le sens, non plus mystique, mais rationel et scientifique de ce « **jugement général** » qui sera bien **le dernier,** puisqu'il sera définitif, le seul juste, le seul d'accord avec la vérité éternelle et le droit absolu. Ce jugement *final* cassera les arrêts définitifs de l'ancien monde, dans ce qu'ils auraient eu de contraire à la justice divine ; il abolira, des vieux codes, tout ce que la complaisance des valets du césarisme a pu y introduire d'inhumain, pour tenir en échec les faibles devant les forts, les pauvres devant les riches, les peuples devant les autocrates).

Je referai tout à neuf. — (Isaïe et l'Apocalypse.)

Vous voyez ce magnifique Temple de Salomon, centre et foyer de votre vie nationale, et symbole en même temps de tout l'édifice, religieux et politique de l'ancien monde : Je vous le dis en vérité, de cette superbe construction, il ne restera pas pierre sur pierre. — (Saint Mathieu et Saint Marc.)

En d'autres termes : De votre économie présente, de tout le système césarien dont les institutions pèsent sur l'humanité comme une chape de plomb, pas une bastille, pas une loi, pas une idée, ne subsistera. Le vieux monde sera rasé.

Les disciples lui demandent à quels signes on reconnaîtra l'approche de cette transformation radicale. Et alors, pour répondre à cette question délicate, il groupe ou plutôt il entre-mêle, dans un seul tableau, sous des couleurs qui se confondent, trois ordres de catastrophes, où les habiles de la politique ne verront d'abord que les rapsodies d'un songe creux, ou les délires d'un cerveau malade. Et de la sorte, tout en voyant, ils ne verront pas, et tout en entendant, ils n'entendront pas, — *heureusement !*

C'est d'abord la catastrophe nationale du monde Juif, qui se consomme avec la ruine de son temple; c'est ensuite la catastrophe politique du monde romain dont la chute s'effectue avec la ruine du Panthéon ; c'est enfin la catastrophe plus formelle et plus radicale de la fin des temps césariens, laquelle s'accomplit sous nos yeux avec la ruine d'un *autre Monde* et d'un autre *Temple* — Temple et Monde de Hildelbrand.

V

Et, notez-le bien, pas un des signes annoncés ne fait défaut à cette heure.

« Ne vous y trompez pas, et que personne ne vous « séduise, en aucune manière dit l'apôtre. Ces événe- « ments s'accompliront quand se sera montré *le fils* « *d'iniquité*, lequel s'élèvera au-dessus de tout ce qui « est divin, au point de s'asseoir dans le Temple de « Dieu, et de se présenter lui-même comme Dieu, « jusqu'à ce que le Seigneur le détruise par l'esprit « de sa parole, à la lumière éclatante de son second « avénement ». — (Épitre aux Thessaloniciens.)

Les spéculateurs dont saint Pierre annonçait l'arrivée, aux derniers jours du Monde, sont déjà dans le sanctuaire ultramontain : « Avares qu'ils seront, à la faveur « d'un langage artificieux, ils feront de vos âmes un « commerce lucratif; mais leur condamnation s'avance à « grands pas, et la main qui doit les frapper n'est pas « endormie. » — (Épitre de Pierre.)

« Ces sortes de gens, ajoute saint Paul, ne servent « point Jésus-Christ — Notre Seigneur, mais leur ventre; « ils séduiront le cœur des simples par des paroles miel- « leuses. » — (Épitre aux Romains.)

Tous les prodomes sont là, visibles, tels que les ont décrits les voyants de tous les sanctuaires, sous les mêmes allégories d'un *Ciel qui passe, d'un Soleil qui s'obscurcit, d'une Lune qui s'éteint, et d'Étoiles qui filent,* pour faire place à d'autres cieux, à d'autres astres, à d'autres lumières, — astres et lumières qui déjà brillent sous nos regards, au firmament de la Science.

Tous les oracles s'accomplissent à la lettre, mais pas avec la mise en scène fantasmagorique et par les coups de Théâtre à la Robert-Houdin, qu'attendaient et qu'attendent peut-être encore les aveugles de l'ultramontanisme.

Les trompettes du jugement dernier sonnent déjà sous le souffle puissant des Messagers de Dieu : inspirateurs des sciences modernes, ces Anges, attendus depuis si longtemps, sillonnent enfin nos horizons sur les ailes rapides de la vapeur et de la foudre. A leur bruit, les peuples se réveillent de leur sommeil séculaire, et les morts. *les morts du Moyen Age*, ressuscitent aux quatre coins du globe. Des fluides merveilleux, des forces endormies jusqu'à présent dans les sépulcres de l'ignorance, durant le règne trop prolongé de l'Esprit des ténèbres sur toute l'Europe, entrent en jeu sur la scène renouvelée du monde, pendant que toutes les colonnes de l'ancien édifice, papauté temporelle, royautés, aristocraties et castes tremblent sur leurs bases pourries et s'écroulent de toutes parts.

Les vieilles assises de la Terre sont ébranlées jusqu'aux fondements. — (Psaumes.) Les rumeurs formidables de l'Océan, de cet Océan d'âmes dont Isaïe entendait déjà la tempête éclatante (Isaïe) remplissent au loin le monde, et l'agitation tumultueuse des masses humaines partout soulevées comme les vagues de la mer, et comme elles passionnées et houleuses, font sécher d'épouvante ceux qui ne comprennent pas encore le sens des oracles.

Le Paraclet, annonce que le Christ (Évangile Saint Jean), plane sur les débris du vieux monde, et derechef il couve, sur l'abîme, les éléments d'une nouvele genèse.

Partout les nations sont entrées en guerre d'idées, et combattent à coups de doctrines les unes contre les autres, celles-ci voulant pousser l'humanité dans les voies merveilleuses de l'avenir, celles-là travaillant à la ramener dans les voies ténébreuses du passé.

Dans la même Patrie, dans le même État et dans la même Église, pas de peuple qui ne se divise en deux camps hostiles : partout deux tendances, deux drapeaux, deux armées en présence, ici l'armée des Néophiles, là celle des Archéophiles ; d'un côté les progressistes, de l'autre les rétrogrades.

« Il sera l'étendard autour duquel se livreront les plus ardentes batailles » (Saint Luc), avait dit le vieux Siméon.

De deux hommes qui se trouvent ensemble aux champs ou au moulin, l'un est pris dans les ténèbres et s'y perd, l'autre se sauve dans la lumière. Et dans la même famille, à la même table et dans le même lit, partout où ils sont deux, ils se divisent d'opinion, l'un tenant pour le **vieux**, l'autre pour le **nouveau**, l'un confiant dans César, et l'autre dans le Christ. — (Saint Mathieu)

Ah ! vraiment, il avait dit juste : Sa doctrine est bien le glaive qui divise et qui sépare (Saint Mathieu). C'est la guerre et non la paix, c'est la scission à l'infini, qu'il apportait au vieux monde pour le dissoudre entièrement (Saint Luc) comme il l'annonça.

Quand vous verrez arriver ces choses, sachez que l'heure est proche : ceignez vos reins, tenez-vous prêts ! — (Saint Luc.)

Tout s'accomplit : une nouvelle Loi, déjà reconnue par les peuples comme la sanction sociale de l'Évangile, fut proclamée, à l'instar de celle de Moïse, au milieu des tonnerres et des éclairs d'un autre Sinaï, **en l'an cyclique 1789.**

Les sourds mêmes finiront par entendre, et les yeux des aveugles verront clair à la fin, comme l'annonçait Isaïe. — (Isaïe.)

Ici se fait la crise définitive. — (Saint Jean.)

C'est la consommation du vieux monde. — (St. Mathieu.)

Je serai avec vous jusqu'à la fin, avait dit le Christ à ses disciples. — (Saint Mathieu.)

Si ce texte devait être pris dans le sens que lui donne la glose ultramontaine, c'est-à-dire comme constituant un privilège en faveur de l'Église cléricale, ç'en serait fait de cette Église, car les temps sont révolus ; le vieux monde se dissout ; il expire. La Rédemption passe en ce moment de la sphère individuelle dans la *sphère sociale*.

Le Christ a tenu parole. Il n'a pas dit ce qu'il ferait

après, ou plutôt, si, il l'a dit, et parfaitement dit. Je me contenterai de l'indiquer ici, de manière pourtant à ne pas trop anticiper sur les développements que prendra cette doctrine, dans le second volume de cet ouvrage.

Cette oracle a une portée autrement belle que celle que lui donne la secte. C'est à sa chère Humanité, à cette Église Universelle qui constitue son vrai corps social, que le Christ a promis assistance éternelle. Je ne vous abandonnerai pas durant la traversée; nous ferons voyage ensemble sur l'Océan des âges, et ensemble nous entrerons dans le port de la délivrance sociale, pour débarquer, sur la Terre ou fleurira le Royaume de mon Père et de votre Père, de mon Dieu et de votre Dieu. — (St. Jean.)

Ce monde, je le répète, est sur le point d'aboutir. Mais à quel terme? où allons-nous ainsi, sous la conduite de notre Chef?

« L'Humanité est sortie de l'Éden; c'est vers l'Éden « qu'elle est ramenée », disait Fourier. La Rédemption n'a pas d'autre but.

Pour juger de l'avenir, interrogeons le passé.

PROPHÉTIES DE L'APOCALYPSE

Chapitre XVII, versets 5, 6, 7, 9 et 18.

5. — « Et sur son front était écrit ce nom : **Mystère** : Babylone la grande, la mère des fornications et des abominations de la terre. » **Rome!**

6. — « Et je vis cette femme enivrée du sang des saints, et du sang des martyrs de Jésus; et en la voyant, je fus frappé d'un grand étonnement. » **Rome!**

7. — « Alors l'ange me dit : De quoi vous étonnez-vous? Je vous dirai le mystère de la femme, et de la bête sur laquelle elle est assise, qui a sept têtes et dix cornes. » **Rome!**

9. — « Et en voici le sens plein de sagesse : Les sept têtes sont sept montagnes sur lesquelles la femme est assise. » **Rome !**

18. — « Et quant à la femme que vous avez vue, c'est la grande ville qui règne sur les rois de la terre. » **Rome !**

Chapitre XVIII, verset 3. — « Parce que toutes les nations ont bu du vin de la colère de sa prostitution, que les rois de la terre se sont corrompus avec elle, **et que les marchands de la terre** se sont enrichis par l'excès de son luxe. » **Rome !**

4. — « J'entendis aussi une autre voix qui venait du ciel et qui dit : Sortez de cette ville, mon peuple, afin que vous n'ayez point de part à ses péchés, et que vous ne soyez point enveloppés dans ses plaies. » **Rome !**

LE CHRIST AU VATICAN

Malgré tout son respect pour le Père Éternel,
Un jour Jésus bâillait au ciel
A se décrocher la mâchoire :
Il s'ennuyait dans ce séjour de gloire.
Les oremus qu'on lui chantait jadis
Montaient toujours en paradis,
Mais n'allaient plus à son adresse ;
Il n'était pas jusqu'à la messe
Qu'on n'abrégeât autant qu'il se pouvait
Quand d'un bon déjeuner l'officiant devait
Aller prendre sa part. L'Esprit-Saint et le Père
N'avaient pas meilleur ordinaire.
« — Qu'est ceci ? dit Jésus, les chrétiens oublieux
« M'auraient-ils supprimé leur ensens et leurs vœux ?
« On s'adresse beaucoup à la vierge Marie :
« Aux chapelles des saints la foule accourt et prie,
« Comme accouraient et priaient autrefois
« Les païens à l'égard des dieux d'or et de bois :
« Mais pour moi c'est une autre affaire :
« J'ai cependant à Rome le Saint-Père,
« Mon vice-Dieu, d'après ce que l'on dit :
« Chez les peuples il doit soutenir mon crédit.
« Trahirait-il ?... Le paganisme
« Aurait-il absorbé le vieux catholicisme ?
« A Rome il faut me rendre de ce pas,
« Examiner ce qui se fait là-bas,
« Et m'assurer si le susdit vicaire
« Donne des soins à mon affaire :
« Si pour lui seul il n'a pas détourné
« Le culte qui m'est destiné.
« Dépouillons, il le faut, ma divine nature :
« Prenons l'habit modeste et l'humaine figure
« Que j'avais en Judée, alors qu'un gouverneur
« De me pendre se fit l'honneur :
« Autrement on pourrait ne pas me reconnaître. »
Aussitôt dit que fait : le divin Maître

Prend son vol, et d'un seul élan
Arrive auprès du Vatican.
Il s'informe où reste le pape,
Et s'imagine qu'on l'attrape.
Lorsqu'on lui montre le palais :
« — Oh ! oh ! dit-il, je n'aurais cru jamais,
« Quand je naquis dans une étable,
« Voir mon représentant dans un logis semblable. »
Il entre, toutefois ; mais, dès les premiers pas,
Un suisse tout doré, la hallebarde au bras,
Lui crie : « Halte ! fais voir ta lettre d'audience !
« Il en faut pour entrer dans le papal séjour ;
« Les ducs les plus huppés, venant faire leur cour,
« Ont besoin d'un permis signé par le Saint-Père
« Ou par son camérier ; crois-tu qu'un pauvre hère
« Sans le sous, j'en suis sûr, puisse entrer en ce lieu ?
« Va, va, le serviteur des serviteurs de Dieu
« Ne veut pas recevoir des manants de ta sorte : »
Et déjà sur le nez il lui ferme la porte.
Christ ébahi, ne pouvant pas penser
Qu'un pareil compliment à lui pût s'adresser,
Crut avoir mal compris ; il se dit que peut-être
Des persécutions le temps allait renaître,
Et qu'un nouveau César, l'ennemi des chrétiens,
Relevait les autels païens.
C'est ainsi que pour lui s'expliquait le mystère :
Ces beaux suisses étaient les geôliers du Saint-Père.
Quelle simplicité de cœur !. .
Christ seul pouvait commettre cette erreur.
« — Mon fils, je suis Jésus, dit-il au mercenaire,
« Et je viens voir mon mandataire.
« Sans doute l'empereur à Jupiter dévot,
« Veut en faire un martyr et le tient au cachot,
« Comme il advint jadis à mes premiers apôtres. »
Le suisse, à tout hasard disait ses patenôtres.
Quoique l'air humble et pauvre du Seigneur
Ne lui parût mériter cet honneur ;
« Vous vous trompez, Jésus ; César, c'est le Saint-Père.
« Il fait de ce palais son séjour ordinaire ;
« Les suisses ne gardent que lui ;
« Ici, personne n'a de prison, aujourd'hui,

« Que votre vice-Dieu : suivant sa fantaisie,
« Il y loge tous ceux qui sentent l'hérésie,
« Par tendresse, pour leur seul bien
« Et l'honneur du culte chrétien,
« Il pend même parfois ; mais je suis un bon suisse,
« Et je veux vous aider ; l'escalier de service
« Est devant vous ; montez chez le grand camérier ;
« Si vous voulez bien le prier,
« Peut-être pourrez-vous parler au Saint-Pontife. »
Jésus s'imaginait remonter chez Caïphe
« — Eh bien ! murmurait-il on habite un palais
« De marbre et d'or, et moi je ne savais
« Le soir où reposer ma tête.
« Ici le pauvre est un vrai trouble-fête ;
« Je fus pauvre et prêchai la charité ;
« Hélas ! moi, je n'eus pour tous gardes
« Que les vauriens qui jouèrent mes hardes :
« Il pend, et moi je suis pendu.
« Ma foi ! si cet individu
« Avec sa pompe triomphante
« Me représente,
« Convenons-en, je suis bien mal représenté.

Tout en parlant ainsi, Jésus était monté.

Sur un vaste palier s'ouvre une immense salle ;
Le Seigneur croit entrer dans une halle ;
Bazar d'objets sans nom, frauduleux bric-à-brac,
Où l'acheteur est sûr d'être mis dans le sac.
De vieux os, de neuves médailles
Offensent l'odorat, ou reluisent partout :
Des commis fort nombreux, alertes, l'œil à tout,
Ficèlent des paquets et servent la pratique,
Reçoivent force écus ; vrai, c'est une boutique.
Le chef des employés, tout de rouge habillé,
Voyant entrer un homme ainsi déguenillé,
S'emporte... « Eh quoi ! dit-il, un vagabond immonde !
« Pénètre sans façon chez le maître du monde !
« Comment es-tu venu ! qui t'amène en ce lieu !...
« Mais peut-être du vice-Dieu
« Attendant le pardon de quelque grave offense,
« T'es-tu fait gueux par pénitence ?

« Cela s'est vu ; parle, que te faut-il ?
« As-tu tué quelqu'un, et, craignant le péril,
« L'as-tu poignardé par derrière ?
« As-tu frappé d'une main meurtrière
« Ou ton père et ta mère ?
« As-tu, fin connaisseur,
« Violé ta fille ou ta sœur ?
« A Rome, moyennant espèces,
« Nous absolvons de toutes ces faiblesses.
« Veux-tu des croix, des cierges, des agnus,
« Des chapelets bénis, bien mieux que si Jésus
« Les avait consacrés lui-même ?
« Veux-tu faire gras en carême
« Les vendredis et samedis ?
« Veux-tu de tous les saints qui sont en paradis
« Les plus précieuses reliques
« Très authentiques ?
« Dis, ouvre l'escarcelle et donne tes écus !
« Pour l'empereur d'Autriche on ne ferait pas plus
« Si tu ne peux payer, allons vite, détale,
« Il nous est ordonné par la bulle papale
« De ne livrer que contre argent,
« A nous le riche, au diable l'indigent !
« — Voilà, se dit Jésus, de la belle besogne !
« En vérité, ces gens n'ont pas plus de vergogne
« Que n'en avaient aux temps anciens
« Les scribes et les pharisiens.
« Ils ne sont pas chrétiens ; ici, je me l'assure...
« C'est à mon nom faire par trop injure
« Que d'en couvrir cet ignoble trafic,
« Par lequel sans pudeur ils volent le public.
« Mais voyons jusqu'au bout leur étrange conduite.
« — J'ai peu de temps à perdre, et je voudrais de suite
« Parler au père des chrétiens,
« Dit-il, au cardinal vendeur de pieux riens...
« — Parler au pape ! ah ! mais le maraud raille !
« Crois-tu donc, mauvaise canaille,
« Qu'il te serait permis de baiser à genoux
« Sa mule croisetée ? Ah ! que non, vertuchoux !
« Non, ce n'est pour toi que le pape se chausse,
« Et vite et tôt, va-t'en, si d'une basse fosse

« Tu ne veux à l'instant savourer la douceur !

« — Prêtre je veux dissiper ton erreur :
« Sous ces pauvres habits, vois, reconnais ton maître :
« Je suis le Christ, et maintenant peut-être
« Il me sera permis de voir
« Ton Saint-Père qui tient de moi seul son pouvoir.
« — Toi, Jésus ?... La plaisanterie
« Est bonne, et permets que j'en rie !
« Quoi ! le puissant maître des cieux
« Aurait ta face blême et ton aspect piteux,
« Et tes crasseux haillons, signe de la misère,
« Comme on n'en voit qu'au Transtevère ?
« A d'autres ! Dirais-tu d'ailleurs la vérité,
« Tu n'arriverais pas jusqu'à Sa Sainteté !
« Elle a bien, *per Bacco !* d'autres choses à faire
« Que de penser au Christ, au ciel, au bréviaire.
« La Romagne s'agite, et les Légations
« S'abandonnent au vent des Révolutions :
« Le pouvoir temporel nous échappe, et je pense
« Que sur tout autre bien il vaut la préférence,
« Puis enfin, s'il est vrai que vous soyez Jésus,
« N'accusez que vous seul d'éprouver un refus.
« Que n'apparaissez-vous dans toute votre gloire ?
« L'on vous eût bien reçu : c'était une victoire
« Sur tous nos ennemis. Comme vous êtes fait !
« En un mendiant pareil le pape rougirait
« De reconnaître un Dieu fagoté de la sorte :
« Souffrez donc, cher ami, qu'on vous flanque à la porte. »

Le cardinal parlait encor,
Que Jésus-Christ, comme sur le Thabor,
S'était transfiguré. Dans son regard austère
S'allumaient les éclairs de la sainte colère
Qui l'anima lorsque, jadis,
Il chassa les vendeurs loin du sacré parvis.
Les publicains, d'abord si bouffis d'insolence,
Attendaient maintenant dans un lâche silence
L'orage qui grondait dans l'âme du Sauveur ;
Terrible, il éclata : — « Malheur
« A vous, tonna Jésus, ô race de vipères,
« Abuseurs éhontés de la foi de vos frères !

« Malheur, malheur à vous, prêtres pharisiens
« Hypocrites parés du faux nom de chrétiens,
» Qui voilez mes leçons par mille momeries,
« Et souillez mes autels par mille idolâtries.
« Faut-il vous rappeler ce que prescrit ma loi ?
« Aveugles conducteurs d'aveugles, loin de moi !
« Faut-il vous rappeler que j'ai passé ma vie
« A prêcher la douceur, la paix, la modestie,
« L'aumône, le pardon, l'espoir en Dieu
« Et toutes les vertus dont vous avez si peu ?
« Ai-je jamais souffert dans mon humble existence,
« Que l'on me saluât de Grandeur, d'Éminence ?
« Me suis-je revêtu jamais de pourpre et d'or ?
« De la sueur du pauvre ai-je enflé mon trésor ?
« Jérusalem me vit monté sur une ânesse ;
« Et le peuple romain, sans que cela le blesse,
« Contemple votre chef, et non Sa Sainteté,
« Sur le dos des chrétiens en triomphe porté.
« Je m'étonne comment son orgueil intrépide
« Ne leur a pas encor mis la selle ou la bride...
« Voilà comment on suit mon exemple et mes lois !...
« Qui de vous, se montrant humble pour une fois,
« A donné sa douillette à qui prenait sa robe ?
« Pour les trésors mondains que le larron dérobe
« Vous donneriez cent fois tous les trésors du ciel...
« De la cupidité votre cœur est l'autel ;
« Pour recevoir, vos mains sont toujours prêtes,
« Et des pauvres jamais les touchantes requêtes
« N'ont su vous émouvoir ; moins prêtres que commis,
« Moins bergers que bouchers, à vos tristes brebis
« Vous emportez le lait et la chair et la laine,
« L'Église n'est pour vous qu'un terrestre domaine.
« Le salut éternel et la gloire d'en haut
« Vous préoccupent peu ; c'est de l'or qu'il vous faut !...
« De l'or, à nous de l'or ; Telle est votre maxime :
« Être pauvre est pour vous le plus grand, le seul crime ;
« Votre œil est doucereux, vos lèvres sont de miel :
« Votre visage ment... votre cœur est de fiel !
« Rigides pour autrui, pour vous pleins d'indulgence,
« Jamais vous n'avez su pardonner une offense...
« Vous aimez à primer partout avec hauteur ;

« Le plus grand d'entre vous se dit le serviteur
« De tous mes serviteurs ; il ment comme une bulle :
« Du serviteur de tous baiserait-on la mule ?
« Si quelque malheureux pense autrement que vous,
« S'il veut briser ses fers trop lourds, votre courroux
« L'abandonne au bourreau sous couleur de justice.
« J'ai dit : Miséricorde, et non pas : Sacrifice.
« Donnez gratis ce qui gratis vous fut donné,
« Ai-je encor dit ; pourtant au peuple rançonné
« Vous vendez le baptême au jour de la naissance,
« Vous vendez au pêcheur l'inutile indulgence ;
« Vous vendez aux amants le droit de s'épouser ;
« Vous vendez aux mourants le droit d'agoniser ;
« Vous vendez aux défunts la messe funéraire ;
« Vous vendez aux parents l'office anniversaire ;
« Vous vendez oraisons, messes, communions ;
« Vous vendez chapelets, croix, bénédictions ;
« Rien n'est sacré pour vous, tout vous est marchandise,
« Et l'on ne saurait faire un pas dans votre église
« Sans payer pour entrer, sans payer pour s'asseoir,
« Sans payer pour prier. L'autel est un comptoir !
« La papauté du monde est la grande usurière ;
« De mon temple, ce doux asile de prière,
« Vous avez fait, brigands, un antre de voleurs !
« De la Vierge on y vend les banales faveurs,
« Comme en un mauvais lieu l'on vend l'amour des femmes
« Tout reflète chez vous la laideur de vos âmes.
« Les scribes, vos aïeux étaient moins pervertis.
« Vous n'êtes même pas des sépulcres blanchis.
« Hiboux, corbeaux, vautours, voilà ce que vous êtes,
« De l'Église-Phryné dégoûtants proxénètes !
« A l'aide d'actes faux, de vols, d'extorsions,
« Des Borgia, d'astuce et d'usurpations.
« Ces villes, dites-vous, forment le patrimoine
« De saint Pierre : tout homme y doit agir en moine
« Et non en citoyen. Penser est un délit
« Que votre loi prévoit, que votre loi punit !
« Là, règnent avec vous l'orgueil et l'avarice ;
« L'hypocrite et le sot y rendent la justice ;
« Là, ramper devant vous est l'unique devoir :
« C'est ce que vous nommez le temporel pouvoir.

« Pouvoir que ne rêva jamais mon pauvre Pierre.
« Vous n'invoquez le ciel que pour régner sur terre ;
« Mais les temps sont changés... Las du joug clérical,
« Vos Etats briseront le vieux sceptre papal.
« Déjà la liberté sourit à la Romagne,
« Et vos sujets romains que la révolte gagne,
« Si la France n'avait rétabli leurs tyrans,
« Vous auraient expulsés depuis déjà longtemps.
« Tremblez, prêtres du pape, ô race de vipères,
« Les fils accompliront ce qu'ont tenté les pères ! »

Les commis tonsurés, consternés, éperdus,
Tremblaient à la voix de Jésus :
Et lui, d'un bond retraversant l'espace,
Revint au ciel prendre sa place,
« Murmurant : « Leur pouvoir, qu'ils nomment temporel,
« J'en jure par mon sang est loin d'être éternel :
« Cette puissance tyrannique,
« Et dont le ridicule égale l'odieux,
« Cette exécrable Église catholique,
« Je l'écraserai, moi, Jésus, du haut des cieux ! »

J.-A. Chappuis.

L'ÉTOILE

Étoile aux doux regards qui brilles sur nos têtes,
Nouvellement éclose au ciel de nos esprits!
Que viens tu révéler à *de nouveaux prophètes*
Pour raviver nos cœurs et nos espoirs détruits?

Ton éclat nous vient-il d'un foyer qui s'allume?
N'est-il que le reflet d'un astre à son déclin,
Dernier tressaillement d'un feu qui se consume,
Ou l'aube d'un beau jour, à son premier matin?

De quelle foi nouvelle es-tu l'heureux présage?
De quel nouveau *Messie* annonces-tu le jour?
A ce monde engourdi par les glaces de l'âge,
Penses-tu rendre un peu de son ancien amour?

Depuis longtemps déjà, nos sibylles lassées
Ne peuvent rien apprendre à ce siècle savant.
Que veux-tu donc montrer à nos âmes blasées,
Et que viens-tu prédire *aux mages de nos temps!*

Les flots trop éthérés de tes hautes lumières
Ne sont-ils pas trop purs, tes rayons trop luisants,
Pour les regards éteints de nos faibles paupières,
Pour aimanter nos cœurs devenus trop pesants?

Qui voudra se soumettre à la parole sainte?
« *Ne viens-tu pas trop tard dans un monde trop vieux?*
« D'un siècle sans espoir naît un siècle sans crainte,
« Les comètes du nôtre ont dépeuplé les cieux. »

S'il ne s'est pas trompé dans sa complainte amère :
« Le moins crédule enfant de ce siècle sans foi,
« Notre humaine espérance est lasse d'être mère,
« Ne vivant plus du *Christ*, elle n'a rien pour toi »

Mais non! Tout me le dit et mon cœur le proclame,
Ton sourire attrayant ne nous trompera pas.
Tu parais à ton heure et ta divine flamme
Sur des chemins plus beaux vient diriger nos pas.

Il en aura menti le poète sceptique :
« *Avec toi marchera l'auréole de feu.* »
Du temple restauré franchissant le portique
Nous irons à ta suite et nous reverrons Dieu.

Remplis ta mission, céleste messagère!
Aux cœurs simples et purs verse ta douce paix;
Rends-les nobles, aimants, qu'ils règnent sur la terre,
Pour la mener au but, la bénir à jamais!

Que devant tes rayons notre horizon recule!
Conduis-nous de Jésus au *Christ-Humanité.* »
Explique les travaux de ce nouvel Hercule,
Et montre-nous en lui Jésus ressuscité!

Conduis-nous au berceau du nouveau roi de gloire,
Avec empressement nous irons l'adorer.
Dociles à ton signe et désireux de croire,
Avec or, myrrhe, encens nous voulons l'implorer.

Aiguillonne en passant les gardiens de la *lettre*
Qui sommeillent en paix dans leur Jérusalem!
Leurs yeux sous le bandeau ne peuvent reconnaître
L'apôtre lumineux qui mène à *Bethléem*

Que la **bonne nouvelle** aille de notre **France**
Aux quatre coins du monde et de **l'Humanité**,
Dans les cœurs abattus relever l'espérance
Et refouler la nuit de l'incrédulité!

« Augustine De Hauteluce »

L'AVENT DU CHRIST-HUMANITÉ

Il est temps, il est temps que le monde s'éveille :
Cieux, écoutez ma voix ; terre prête l'oreille !
Voici, voici le jour du *Christ-Humanité!*
Le rêve d'autrefois devient réalité.
Voici d'un âge d'Or l'aurore qui s'avance :
C'est un cycle nouveau qui maintenant commence.
De l'ancien qui finit, honorons le tombeau :
De celui qui renaît, saluons le berceau !
Levons-nous, levons-nous, enfants de la lumière,
Du royaume de Dieu relevons la bannière :
Sur de plus hauts sommets, d'un bras plus vigoureux,
Faisons-la resplendir plus belle à tous les yeux.

Remplis-nous de ton souffle, esprit des saints prophètes,
Et rajeunis nos cœurs par de nouvelles fêtes !
Pour les dire aux vivants, pour les redire aux morts,
Allume en nous les feux de tes divins transports !
Éclaire nos regards et rends-leur plus visibles
Les saintes vérités de ces nombreuses *Bibles*
Que tu dictas jadis aux bardes inspirés !
Réveille les échos de tous les lieux sacrés,
Dévoile enfin pour nous les secrets des pantacles,
Fais voir le sens caché de tous les vieux oracles,
Ouvre le *Saint des-Saints* des dogmes précurseurs
Et dis-nous le sens vrai des mots révélateurs !

Que l'Inde, que l'Égypte et la Babylonie,
Que la Grèce et que Rome, unissant leur génie
A celui d'Israël, fassent monter aux cieux
D'un immense concert les tons harmonieux !
Que leurs rayons épars, réunis en synthèse,
Rendent tous témoignage à la néogenèse !
Que du viel Orient et de notre Occident,
Du Nord et du Midi, du passé, du présent,

Que de tous les hérauts la voix universelle
Réclame à l'unisson *la grande ère nouvelle*;
En éclairant l'esprit, en échauffant le cœur,
Prépare les sentiers au futur Rédempteur!

L'objet de tes soupirs, ô peuple prophétique!
Ce roi tant désiré de tout le monde antique,
Le voici, le voici, nouvel *Emanuel*
Celui que nous prédit *l'Évangile Éternel!*
Celui qui fut chanté par le grand Isaïe,
Celui sur qui pleura le tendre Jérémie,
Fruit des amours sacrés de la terre et du ciel,
Ce divin Fils de l'homme entrevu par Daniel,
Que Moïse prépare et que David figure,
Couronnement final de toute la nature,
Et dont Jésus enfin, le plus grand précurseur,
Fut le céleste germe et le préparateur!

Si, pour mieux t'annoncer, te bien faire connaître,
Tant de types choisis, d'abord ont dû paraître,
O Chrits encor voilé sous la chair de Jésus!
Si, pour le dégager, *quatre mille ans et plus*
Ont à peine suffi pour un Christ planétaire,
Que faudra-t-il à toi, glorieux *Christ solaire?*
Qui brisera l'obstacle à ton rayonnement?
Qui fera l'auréole à ton couronnement?
Mais les voici debout, *tes ardents Jean-Baptiste!*
Ah! qu'ils sont beaux les pieds de tes *Évangélistes*
Qui franchissent les monts pour frayer les sentiers,
Pour te faire adorer par des peuples entiers!

Les peuples d'autrefois, brassés par quatre empires
Étendus sur le monde en immenses vampires,
Groupés enfin par Rome autour de ton berceau,
Tressaillent à l'éclat de ton naissant flambeau.
Les foules de nos temps, moins par l'homme écrasées,
Entre elles librement se tenant embrassées
Par le lien sacré de la fraternité,
Jettent les fondements de la grande *Unité;*
Des trônes vermoulus secouant la poussière,
Pressentent les beaux jours d'un règne de lumière:

Et lorsque tu viendras, o Prince de la paix!
Tous les cœurs s'ouvriront aux célestes bienfaits.

Pour évangéliser les barbares antiques
Et pour leur refléter les lueurs symboliques,
Israël, tant béni même par Balaam,
Fut le porte-flambeau de la foi d'Abraham,
Et, comme un fruit mûri qui projette ses graines,
Alla semer partout le pur sang de ses veines.
Aujourd'hui mieux encore et cent fois plus nombreux,
Les fils de la lumière au cœur plus généreux,
Animés et brûlants des plus vivantes flammes,
Volent porter au loin le trop-plein de leurs âmes,
Pour t'élever, o Christ, un plus durable autel,
Un royaume plus saint et plus universel.

Si de traits ébauchés la beauté nous enivre:
Si la préface est telle, oh! quel sera le livre?
Et, quand aura paru le chef-d'œuvre parfait,
Du nouveau Christ-Esprit quel sera le portrait?
O tout puissant *Alpha* de notre monde en germe,
Son *Oméga* complet quand il verra son terme,
Sève de la racine et beauté de la fleur,
Couronne de l'esprit, centre et foyer du cœur,
Si notre masse humaine encore nébuleuse,
A notre firmament déjà si lumineuse,
A jeté tant d'éclat, seulement embryon,
Que le ferez-vous donc à son éclosion?

Parais donc, ô Sauveur! le monde est dans l'attente :
Jamais pour ta venue on ne vit plus d'entente.
Les mauvais et les bons, les morts et les vivants,
Ce qui se tient debout et les ruines du temps,
L'abaissement des rois, la soif du prolétaire,
Vœux ardents pour la paix et constants bruits de guerre,
Abandon des autels et morsures des doutes,
Cris d'une foi naissante et besoin d'autres routes,
Regrets pour un passé qui ne veut pas finir,
Angoisses du présent, craintes pour l'avenir :
Tout ce chaos appelle un illuminateur
Et réclame du ciel un pacificateur.

Parais, ô Christ vengeur! arme-toi de ton glaive!
Par le double tranchant de ta parole brève,
Impose enfin silence à tous ces grands parleurs
Qui n'ont aucun remède à nos grandes douleurs!
Hérode n'est pas mort et le *César* antique
Revit dans les complots de cette politique
De milliers de tyrans dont les cerveaux étroits
Ne peuvent concevoir la majesté des droits.
D'un geste de ton bras, d'un soufle de ta bouche,
Écrase encor le monstre toujours aussi farouche
Et que la multitude avide de grandeur
En se donnant à toi retrouve enfin l'honneur!

Parais, ô *Christ-Esprit!* Revêts ton auréole,
Et, semblable à l'éclair qui dans l'espace vole,
Aveugle l'œil pervers des amants de la nuit
Et montre le chemin à tout ce qui les suit!
« D'un autre Sinaï fais flamboyer la cime,
« Retrempe au feu du ciel la parole sublime!
« Ce glaive de l'Esprit émoussé par le temps;
« De ce glaive de vie arme tes combattants! »
Que la Foi de l'Église en toi se renouvelle!
Fais resplendir son front de l'aurore nouvelle,
Et pour te préparer un domaine plus beau
Achève l'ancien monde et sacre le nouveau!

Et toi, petite étoile, à la clarté naissante,
Redresse les faux pas de notre marche errante
Et conduis-nous à lui! Que ton rayon serein,
Messager de la paix, aille porter au loin
Le calme dans les cœurs et la douce allégresse
Qui suit toujours de près les pas de la sagesse!
Suscite-lui, nombreux, de vrais adorateurs,
Consacre en eux la joie, apaise les douleurs!
Va dire aux cœurs déçus, usés par la souffrance,
Éprises du passé comme de l'avenir
« *O vous tous qui cherchez, c'est là qu'il faut venir!* »

« Augustine De Hauteluce. »

TABLE DES MATIÈRES

On demande des vendeurs pour ce livre dans toutes les villes, villages et hameaux de France, commission de vingt pour cent accordée, port à la charge du destinataire.

S'adresser : à **M. J. Vicère,** *géomètre à* Cases-de-Pène, *par poste* d'Espira-de-l'Agly *(Pyrénées-Orientales), ou donner (par lettre) rendez-vous à Perpignan.*

Toute demande ou communication devra être accompagnée d'un timbre-poste pour la réponse et d'un mandat-poste *correspondant au nombre de brochures demandées, moins la commission accordée.*

Toute demande en gros, pour bénéficier de la commission de vingt pour cent, devra être de cinquante brochures au moins.

Par la vente de ce livre, tout Monsieur ou Dame peut gagner, en commission, de dix francs à vingt francs par jour.

M. J. VICÈRE, *géomètre est à la disposition de MM. les propriétaires fonciers : pour le lever de plans, arpentages, mutations, bornages parcellaires et de grands domaines, plans et devis de constructions, tracés mathématiques de cadrans solaires — horizontaux, verticaux, sphériques, — sur toute matière et en tout lieu.*

Au besoin, écrire quatre jours en avance et donner rendez-vous à Perpignan (Pyr.-Or.).

www.ingramcontent.com/pod-product-compliance
Lightning Source LLC
La Vergne TN
LVHW020355230826
846091LV00003B/1110
* 9 7 8 2 0 1 2 8 3 8 0 5 5 *